REGLAMENTOS DEPORTIVOS ILUSTRADOS

BALONCESTO

TUCIDIDES PEREA ROSERO

Dirección editorial:
Carmiña López Perilla

Diseño de carátula:
José Miguel Delgado M.

Ilustración de carátula:
Jaime Romero G.

Ilustraciones interiores:
Julio César Forero C.

Segunda edición revisada y actualizada

©1993 Tucídides Perea Rosero

©1993 Panamericana Editorial
Calle 12 No. 34-20 Tel. 3603077 Fax. 2773599
Santafé de Bogotá, D. C. - Colombia
ISBN 958-30-0013-2

Prohibida su reproducción parcial o total, por cualquier medio, sin permiso previo del editor.
Impreso y encuadernado por Panamericana Formas e Impresos

Impreso en Colombia   Printed in Colombia

FEDERACION COLOMBIANA DE BALONCESTO

AFILIADO A:

Licenciado
TUCIDIDES PEREA ROSERO
Ciudad.

COPABA

Apreciado Licenciado:

Con mucha complacencia hemos visto el esfuerzo realizado por Usted, en relación a la publicación del Reglamento de Baloncesto con sus modificaciones y actualizaciones emanadas directamente de la FIBA.

FIBA

Al cumplir el Baloncesto CIEN AÑOS de haber sido creado, vemos apenas justo facilitar al público en general su conocimiento con gran contenido pedagógico e ilustraciones que contribuyen a la verdadera formación de los amantes del Baloncesto.

CONSUBASQUET

Cordialmente,

CENTRO AMERICANA Y DEL CARIBE

FEDERACION COLOMBIANA DE BALONCESTO

ELOISA FERNANDEZ
Secretaria General

C.I. MINIBALONCESTO

mrc.-

C.O.C.

COLISEO CUBIERTO EL CAMPIN — PUERTA No. 17 - Tel. 212 3307 A. AEREO 6698
BOGOTA — COLOMBIA

 LIGA DE BASQUETBOL DE BOGOTA, D. E.

PERSONERIA JURIDICA NO. 3766 DE 1.963
UNIDAD DEPORTIVA EL SALITRE
TELEFONO 314088 EXT. 38
NIT. 60.030.734

BOGOTA D.E.

Licenciado
TUCIDIDES PEREA ROSERO
Ciudad.

Es placentero dejar plasmado en ésta Obra un reconocimiento de
admiración al Licenciado Tucídides Perea Rosero, por su constante
empeño en vivir por y para el Baloncesto; siempre se le reconocerá su dinámica, que lo hace elemento importante cada vez que hable
mos de nuestro querido Deporte del Basquetbol.

Este reglamento llena un vacío y se convierte para la gran familia
del Basquetbol en una ayuda de estudio y de trabajo por su excelente material ilustrado, así como el lenguaje de fácil interpretación.
Estoy seguro que los dirigentes, jugadores, árbitros, periodistas y
aficionados en general sabrán obtener los mejores provechos de éste
excelente material didáctico.

FERNANDO LEAL RODRIGUEZ
Presidente.

INDICE

Presentación 9

REGLAMENTO OFICIAL DE BALONCESTO
REGLA PRIMERA: EL JUEGO
Art. 1. Definición...................................... 13

REGLA SEGUNDA: EQUIPO
Art. 2. Terreno de juego. Dimensiones................ 13
Art. 3. Líneas de demarcación....................... 14
Art. 4. Círculo central................................. 16
Art. 5. Línea central. Pista delantera, pista trasera...... 16
Art. 6. Areas de cesto de tres puntos 16
Art. 7. Areas restringidas y Pasillos
       y Líneas de tiros libres....................... 17
Art. 8. Zona del banquillo de equipo 19
Art. 9. Tableros. Dimensiones, material y situación 20
Art. 10. Los cestos..................................... 23
Art. 11. Balón. Material, tamaño y peso 28
Art. 12. Equipo técnico 28

REGLA TERCERA: JUGADORES, SUPLENTES
Y ENTRENADORES
Art. 13. Equipos 34
Art. 14. Jugador que abandona el terreno de juego 38
Art. 15. Capitán. Sus deberes y derechos 38
Art. 16. Entrenadores 40

REGLA CUARTA: LOS JUECES Y SUS OBLIGACIONES
Art. 17. Los árbitros y sus auxiliares 43
Art. 18. Deberes y facultades del árbitro principal...... 44
Art. 19. Deberes de los árbitros 45
Art. 20. Tiempo y lugar para las decisiones 46
Art. 21. Deberes del anotador 49

Art. 22. Deberes del cronometrador	50
Art. 23. Deberes del operador de la Regla de 30 Segundos.	51

REGLA QUINTA: REGLAMENTO DEL JUEGO

Art. 24. Tiempo de juego.	55
Art. 25. Comienzo del partido.	57
Art. 26. Salto entre dos	57
Art. 27. Violación durante un salto entre dos	58
Art. 28. Cesto. Cuando se marca y su valor.	60
Art. 29. Interponerse al balón en la ofensiva	61
Art. 30. Interponerse al balón en la defensiva	63
Art. 31. Puesta en juego del balón después de marcarse un cesto en juego y después del último tiro libre convertido.	64
Art. 32. Resultado del partido.	66
Art. 33. Penalización de pérdida del partido.	66
Art. 34. Tanteo empatado y períodos extra	66
Art. 35. Final del partido	67

REGLA SEXTA: REGLAS PARA EL CRONOMETRAJE

Art. 36. Manejo del reloj del partido.	70
Art. 37. Balón en juego	71
Art. 38. Balón vivo	71
Art. 39. Balón muerto.	71
Art. 40. Tiempo muerto registrado.	74
Art. 41. Tiempo muerto en caso de lesión de los jugadores o de los árbitros.	78
Art. 42. Cómo se reanuda el partido	80

REGLA SEPTIMA: REGLAMENTO PARA LOS JUGADORES

Art. 43. Sustituciones.	81

Art. 44. Situación de los jugadores y los árbitros.	85
Art. 45. Cómo se juega el balón.	85
Art. 46. Control del balón.	86
Art. 47. Jugador fuera de banda. Balón fuera de banda.	86
Art. 48. Cómo sale el balón fuera de banda	87
Art. 49. Regate ("Dribling")	87
Art. 50. Pivote.	89
Art. 51. Avanzar con el balón	89
Art. 52. Balón retenido.	92
Art. 53. Jugador en acción de tirar a cesto	93
Art. 54. Regla de los tres segundos.	94
Art. 55. Regla de los cinco segundos	96
Art. 56. Regla de los diez segundos	97
Art. 57. Regla de los 30 segundos.	97
Art. 58. Balón devuelto a pista trasera	100

REGLA OCTAVA: INFRACCIONES Y PENALIZACIONES

Art. 59. Violaciones	104
Art. 60. Faltas.	104
Art. 61. Cómo se reanuda el partido después de una violación o una falta	104
Art. 62. Procedimiento a seguir cuando se comete una violación	105
Art. 63. Procedimiento a seguir cuando se comete una falta	105
Art. 64. Puesta en juego fuera de la pista desde la línea lateral	106
Art. 65. Violación en la jugada de fuera de banda.	108
Art. 66. Tiros libres.	109
Art. 67. Violación de las disposiciones marcadas para el tiro libre.	114
Art. 68. Error rectificable	119

REGLA NOVENA: REGLAS DE CONDUCTA
A. RELACIONES
Art. 69. Definición 122
Art. 70. Faltas técnicas cometidas por jugadores 126
Art. 71. Faltas técnicas de entrenadores
        o sustitutos o seguidores de equipo 130
Art. 72. Falta técnica durante un intervalo de juego 132
B. CONTACTO PERSONAL
Art. 73. Contacto 134
Art. 74. Falta personal................................. 135
Art. 75. Falta intencionada 149
Art. 76. Falta descalificante 154
Art. 77. Doble falta................................... 155
Art. 78. Falta doble y falta adicional 155
Art. 79. Falta a un jugador en acción de tirar a cesto ... 155
C. DISPOSICIONES GENERALES
Art. 80. Principio básico 156
Art. 81. Cinco faltas de un jugador.................... 156
Art. 82. Siete faltas por equipo....................... 156
Art. 83. Regla de Uno más uno 157
Art. 84. Falta cometida por un jugador
        mientras su equipo tiene control del balón...... 157
Art. 85. Faltas en situaciones especiales 159
Art. 86. Enfrentamientos.............................. 162

Procedimiento a seguir antes de los partidos 166
Banquillo de equipo................................... 168
Procedimiento a seguir para las sustituciones 169
Procedimiento a seguir en caso de protesta 169
Clasificación de equipos.............................. 171
Señales de los árbitros............................... 177
Acta oficial del partido............................... 184
Directorio 194

PRESENTACION

En 1991 el baloncesto cumple 100 años, lapso en el cual ha sufrido múltiples y variadas modificaciones, siempre con vistas a hacerlo cada vez más agradable, ágil y formativo. Esta vez la FIBA ha revisado a fondo el reglamento y le ha introducido modificaciones e innovaciones en un esfuerzo por purificar el juego de todo aquello que lesiona el juego limpio y el buen y normal desarrollo de los partidos; cambios estructurales profundos y novedosos, que entraron en vigor a partir de septiembre de 1990, dignos de un cuidadoso análisis por parte de todos los aficionados y practicantes, y entre los cuales los más importantes son los siguientes: en primer lugar, se han incorporado los comentarios junto con el artículo, lo cual facilita la lectura y asimilación de las diferentes reglas. También se ha acortado el número de artículos, eliminando algunos de los ya existentes y creando otros nuevos, que acercan todavía más el reglamento de la FIBA al reglamento norteamericano; y otra serie de innovaciones técnicas, entre las cuales resaltan la modificación del tablero y el mejor equipamiento técnico de los terrenos de juego, son la nueva guía y orientación de un juego que tuvo su origen hace 100 años en los Estados Unidos.

En diciembre de 1891 James Naismith, teólogo y profesor de educación física, presentó las primeras reglas del baloncesto a los alumnos del Springfield College, en Ohio. El juego debe su nombre al hecho de que en los primeros partidos se usaron, en lugar de las actuales redes, dos cestos de mimbre. Pero en esta historia es igualmente digno de mención el doctor Luther Gulick, director de educación física del citado colegio, puesto que fue él quien propuso a sus colaboradores que ideasen un juego para estimular en los jóvenes el ejercicio físico. El juego aparece como un deporte de equipo susceptible de ser practicado en gimnasio o al aire libre. Los principios aportados por Naismith se identificaron con las ideas docentes y pedagógicas que poco a poco se iban imponiendo en el mundo, que a partir de esos momentos contó con un nuevo juego de pelota.

En 1904 por vez primera el baloncesto forma parte, con carácter no oficial, de los torneos olímpicos, en Saint Louis, Estados Unidos. Durante estos primeros años en que se comienza a extender su práctica por el mundo, la mayoría de las veces se hacían ensayos con un desconocimiento total de las reglas. Después, con la organización de diferentes torneos y campeonatos, se van modificando estos primeros errores, y esto obliga a ponerle atención a su reglamentación y a pensar en la organización internacional de la práctica del baloncesto. En 1932, en reuniones celebradas en Ginebra, se constituye la Federación Internacional de Baloncesto Amateur FIBA.

El baloncesto es incorporado a las pruebas oficiales olímpicas en 1936, en la Olimpiada de Berlín, en donde Estados Unidos alcanzó su primera victoria olímpica. Posteriormente el juego tuvo una gran acogida y rápido desarrollo a nivel mundial, y en 1950 se celebra en Buenos Aires el primer Campeonato Mundial de Baloncesto Masculino. En 1964, tras variadas modificaciones y perfeccionamiento en sus reglas por parte de la FIBA, ésta ratifica en su congreso de Tokio la adhesión de 119 países miembros de la Federación. La Federación Colombiana de Baloncesto se creó en 1939.

El presente Reglamento es fiel copia del texto original publicado, actualizado y autorizado por la FIBA y la Federación Colombiana de Baloncesto, organismo al cual manifestamos nuestros más profundos agradecimientos por su invaluable colaboración y ayuda; y su publicación está dirigida a llenar en parte un gran vacío existente en la adquisición de bibliografía relativa a un deporte tan popular como el baloncesto.

Como profesor licenciado en educación física y entrenador colombiano de baloncesto, no puedo más que reconocer y enfatizar, una vez más, que la ignorancia deportiva, además de no ayudar a los jóvenes, no sirve como excusa, y el que no conoce las reglas del deporte está expuesto a no tener figuraciones de validez, ya que un jugador que no conoce las reglas es peor que un ciego queriendo jugar al baloncesto.

Lic. Tucídides Perea Rosero

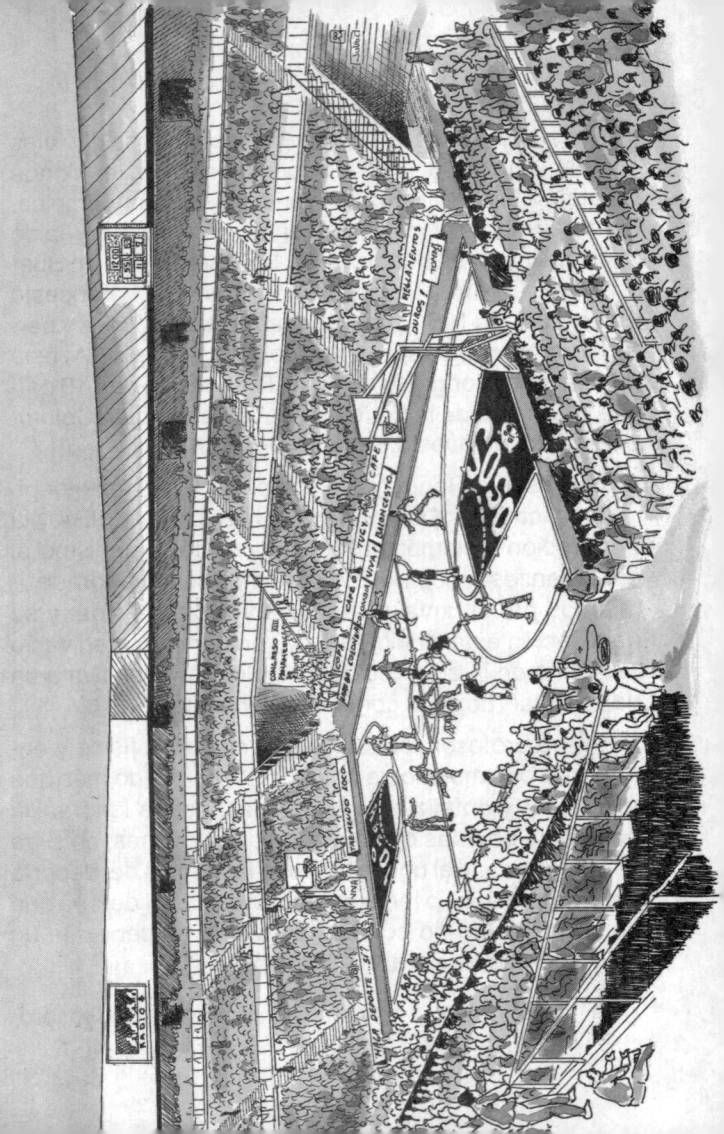

Cualquier referencia que se haga en estas Reglas a entrenadores, jugadores, árbitros, etc., en género masculino, debe entenderse como no discriminatoria y, obviamente, será de aplicación también al género femenino. Debe darse por entendido que el motivo es la conveniencia, solamente.

REGLAMENTO OFICIAL DE BALONCESTO

REGLA PRIMERA: EL JUEGO

Art. 1. Definición

El baloncesto se juega entre dos equipos, compuestos cada uno de cinco jugadores. El objetivo de cada equipo es el de introducir el balón en el cesto del equipo contrario, y evitar que el otro equipo obtenga posesión del balón o marque. El balón puede ser pasado, tirado, palmeado, rodado o botado en cualquier dirección, con sujeción a las restricciones detalladas en las siguientes Reglas:

REGLA SEGUNDA: EQUIPO

Art. 2. Terreno de juego. Dimensiones

El terreno de juego será una superficie plana, rectangular, dura y libre de obstáculos.

Para los Torneos Olímpicos y Campeonatos Mundiales, las dimensiones serán 28 metros de largo por 15 metros de ancho, medidas desde el borde interior de las líneas de demarcación.

Para las demás competiciones, la representación apropiada de la FIBA, como, por ejemplo, la Comisión Zonal, en el caso de una competición zonal o continental, o la Federación Nacional para las competiciones propias, está autorizada para aprobar los terrenos de juego existentes, cuyas dimensiones estarán comprendidas dentro de los siguientes límites: cuatro metros menos en longitud y dos metros menos de ancho, siempre que las variaciones sean proporcionales.

Todos los terrenos de juego que se construyan en adelante, lo serán de acuerdo con los requerimientos especificados para las principales competiciones oficiales de la FIBA, es decir, 28 metros por 15 metros.

El techo deberá estar a una altura de siete metros como mínimo. El terreno de juego estará uniforme y adecuadamente iluminado. Las luces deberán colocarse donde no entorpezcan la visión de los jugadores.

Comentario:

Para las competiciones importantes de la FIBA, las dimensiones y la superficie del terreno de juego, deben estar de acuerdo con los criterios y las condiciones definidas en el artículo 12 (comentarios).

Art. 3. Líneas de demarcación

Las líneas que limitan el terreno de juego estarán bien definidas y alejadas dos metros por lo menos de los espectadores; de los carteles publicitarios y de cualquier otro obstáculo.

Las líneas longitudinales del campo se denominarán lí-

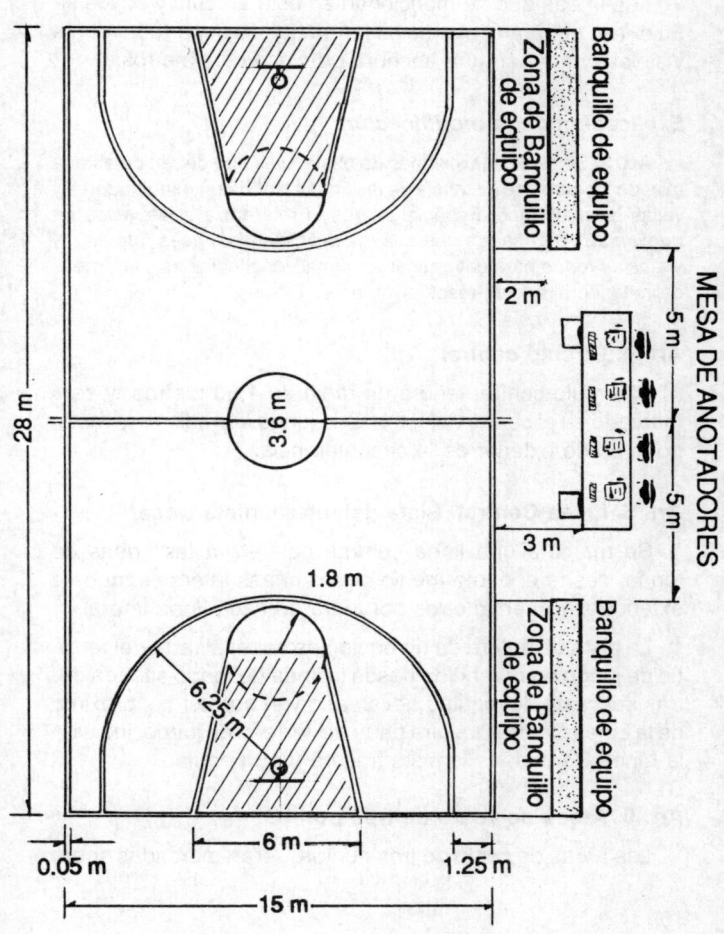

neas laterales, y las que delimitan el ancho, líneas de fondo.

Las líneas que se mencionan en este artículo y en los siguientes, deberán trazarse de forma que sean perfectamente visibles, y tendrán una anchura de cinco centímetros.

Explicación de la modificación

Art. 3. Se explicitan los tipos de obstáculos que deben de estar a más de 2 metros de distancia de las líneas limítrofes, espectadores y vallas de publicidad. Especial interés la referencia a las *vallas de publicidad*. Se añaden dos nuevas definiciones, *líneas laterales* y *líneas de fondo* para determinar las líneas longitudinales y las líneas delimitando al ancho, respectivamente.

Art. 4. Círculo central

El círculo central tendrá un radio de 1,80 metros, y será marcado en el centro del terreno de juego. El radio será medido al borde exterior de la circunferencia.

Art. 5. Línea Central. Pista delantera, pista trasera

Se marcará una línea central, paralela a las líneas de fondo, desde el punto medio de las líneas laterales, que se extenderá 15 centímetros por fuera de cada línea lateral.

La pista delantera de un equipo es aquella parte del terreno de juego comprendida desde la línea de fondo situada detrás del cesto del equipo adversario y el borde más próximo de la Línea Central. La otra parte del terreno de juego, incluida la Línea Central, es la pista trasera de un equipo.

Art. 6. Areas de cesto de tres puntos

Las áreas de cesto de tres puntos, serán marcadas sobre

el terreno de juego, y estarán limitadas por líneas en forma de dos semicírculos, con un radio de 6,25 metros, medida desde el borde exterior de la circunferencia.

Se tomará como centro el punto del terreno de juego directamente perpendicular al centro exacto del cesto; los semicírculos serán prolongados por líneas paralelas a las líneas laterales y terminando en las líneas de fondo correspondientes. La distancia desde el borde interior del punto medio de la línea de fondo hasta el centro del punto, desde el cual es trazado el semicírculo, será de 1,575 metros.

Art. 7. Areas restringidas y Pasillos y Líneas de tiros libres

Las áreas restringidas estarán marcadas sobre el terreno de juego y estarán limitadas por las líneas de fondo, las líneas de tiro libre y por líneas que parten de las líneas de fondo. Sus bordes exteriores estarán a tres metros desde los puntos medios de las líneas de fondo y terminarán en el borde exterior de las líneas de tiro libre.

Los pasillos de tiro libre son las Areas restringidas, ampliadas dentro del terreno de juego con semicírculos de un radio de 1.80 metros, que tengan sus puntos centrales en el punto medio de las líneas de tiro libre. Se pintarán semicírculos similares con una línea de trazos dentro de las Areas restringidas.

Los lugares acotados a lo largo de los Pasillos de tiro libre, que han de ser ocupados por los jugadores durante los tiros libres, se marcarán como sigue: la primera línea estará marcada a 1,75 metros medida desde el borde interior de la línea de fondo, a lo largo de la línea lateral del pasillo de tiros libres. El primer lugar acotado estará limitado por una línea a 85 centímetros. Junto a esta línea habrá una zona neutral de 30 centí-

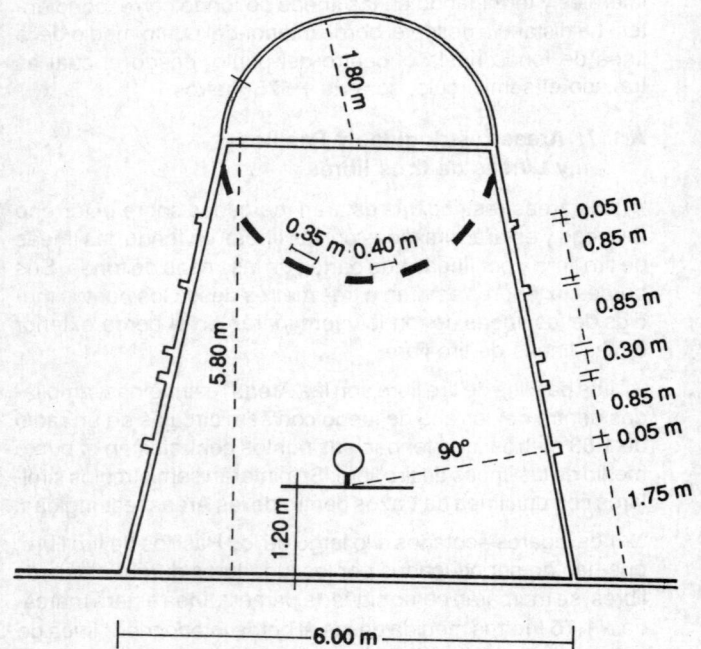

metros de ancho. El segundo lugar acotado estará adyacente a la zona neutral y tendrá 85 centímetros de ancho. Adyacente a la línea que limita el segundo lugar acotado, se hallará el tercer lugar acotado, el cual tendrá también 85 centímetros de ancho. Todas las líneas utilizadas para marcar estos lugares acotados tendrán 10 centímetros de largo y cinco centímetros de ancho, serán perpendiculares a la línea lateral del Pasillo de tiros libres y se marcarán fuera de los lugares que están delimitando.

Se pintará una línea de tiro libre paralela a cada línea de fondo. Su borde más alejado estará a una distancia de 5,80 metros del borde interior de la línea de fondo, tendrá una longitud de 3,60 metros, y su punto central estará en línea con los dos puntos centrales de las dos líneas de fondo.

Art. 8. Zona del banquillo de equipo

Se marcará una zona de banquillo de equipo, fuera del terreno de juego, al mismo lado de la Mesa de Anotadores y de los banquillos de los equipos. (Ver diagrama en la página 166). La zona estará delimitada por una línea de 2 metros de largo, trazada en la prolongación de la línea de fondo y por otra línea de 2 metros de largo trazada a 5 metros de la línea central y perpendicular a la línea de banda.

Las líneas de 2 metros de largo deberán ser pintadas de un color que contraste con las líneas de banda y de fondo.

Explicación de la modificación

Art. 8. Un artículo de nueva creación que introduce la zona del *banquillo de equipo*. La finalidad de esta nueva demarcación es establecer la *situación exacta* que deben mantener los entrenadores, sus ayudantes y los suplentes, de manera que no entorpezcan la labor de los oficiales de mesa, permitiendo a éstos *mantener un contacto visual permanente y sin interferencias* con el juego y con los árbitros. La creación de esta zona supone también el establecimiento de una demarcación para permitir al entrenador *poder moverse con libertad para dirigir a su equipo* sin influir de manera directa con sus gestos en el desarrollo normal del juego.

Art. 9. Tableros. Dimensiones, material y situación

Cada uno de los dos tableros, estará hecho de madera dura de un espesor de tres centímetros, o de un material transparente adecuado (hecho de una pieza y del mismo grado de rigidez que los de madera).

Para los Torneos Olímpicos y los Campeonatos del Mundo las dimensiones deben ser de 1,80 metros de lado horizontal y 1,05 metros de lado vertical, la base estará a 2,90 metros del suelo.

Para las demás competiciones, el organismo competente de la FIBA tales como las Comisiones de zona en el caso de competiciones de zona o continentales o las Federaciones Nacionales, para las competiciones internas, tienen autoridad para homologar las dimensiones del tablero que deben ser, o de 1,80 metros de lado horizontal y 1,20 metros de lado vertical, con la base a 2,75 metros del suelo o de 1,80 metros de lado horizontal y 1,05 metros de lado vertical, con la base, entonces a 2,90 metros del suelo.

Todos los tableros que se construyan en adelante, serán de las mismas dimensiones descritas para los Torneos Olímpicos y Campeonatos Mundiales, es decir, 1,80 metros por 1,05 metros.

La superficie frontal será lisa y, a no ser que sea transparente, será blanca. Esta superficie se marcará como sigue:

MARCAJE REGLAMENTARIO DE LOS TABLEROS

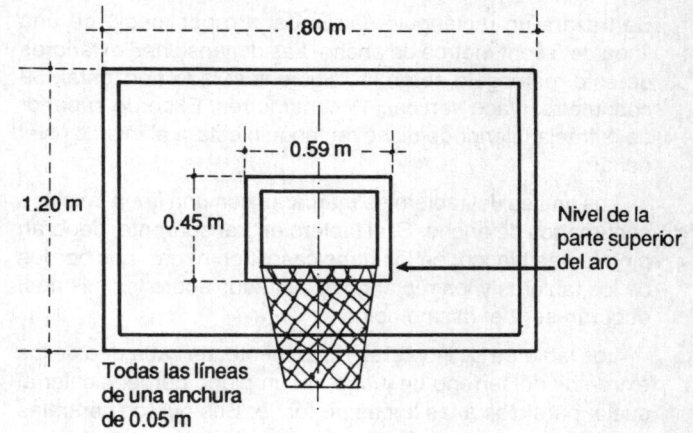

ESPECIFICACIONES PROPUESTAS PARA LOS TABLEROS NUEVOS

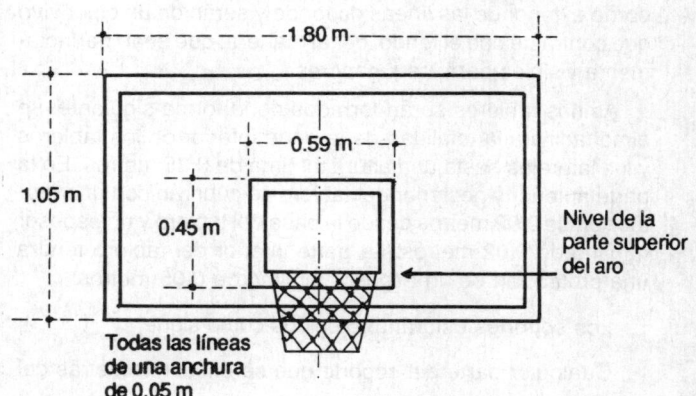

Se trazará un rectángulo detrás del aro por medio de una línea de 5 centímetros de ancho. Las dimensiones exteriores de este rectángulo serán las siguientes: lado horizontal, 59 centímetros; lado vertical, 45 centímetros. El borde superior de la franja inferior de dicho rectángulo estará al mismo nivel del aro.

Los límites del tablero se marcarán con una línea de cinco centímetros de ancho. Si el tablero es transparente, deberán pintarse en blanco; en los otros casos, en negro. Los bordes de los tableros y los rectángulos pintados sobre los mismos, deberán ser del mismo color.

Los tableros se montarán rígidamente, en cada uno de los extremos del terreno de juego, en un plano perpendicular al suelo, paralelos a las líneas de fondo. Sus puntos centrales estarán en las perpendiculares erigidas en los puntos del terreno de juego a 1,20 metros del borde interior del punto medio de cada línea de fondo. Los soportes que sostienen el tablero estarán, por lo menos, a una distancia de un metro del borde exterior de las líneas de fondo y serán de un color vivo que contraste con el fondo, de tal manera, que sean perfectamente visibles para los jugadores.

Ambos tableros serán forrados de la forma siguiente: se almohadillará la totalidad de la parte inferior de los tableros y los laterales hasta una altura mínima de 0,35 metros. En la parte anterior y posterior del tablero se cubrirán con una protección de 0,02 metros desde la base del tablero y un espesor mínimo de 0,02 metros. La parte inferior del tablero tendrá una protección de un espesor mínimo de 0,05 metros.

Los soportes estarán protegidos como sigue:

Cualquier parte del soporte que se encuentre detrás del

tablero a una altura inferior a 2,75 m medida desde el suelo, debe ser almohadillada por la parte inferior, hasta una distancia de 0,60 m del tablero. Todos los soportes de tableros móviles deberán ser almohadillados o forrados en la parte que mira hacia el terreno de juego hasta una altura de 2,15 metros.

Explicación de la modificación

Art. 9. Se acorta la *dimensión vertical* de los tableros en 0,15 m pasando a ser las dimensiones de 1,80 × 1,05 metros. La FIBA va a permitir una tolerancia en los torneos menores y deja libertad a las federaciones para las competiciones domésticas. Pero las nuevas medidas serán de aplicación inmediata en los torneos mayores: Juegos Olímpicos y Campeonato del mundo. Los nuevos tableros que se construyan en adelante deberán adaptarse a las nuevas medidas oficiales. El Reglamento incluye de ahora en adelante las protecciones del tablero y del soporte del tablero, que deberán ajustarse a lo previsto en las Reglas en cuanto al grosor del acolchado.

Art. 10. Los cestos

Los cestos comprenden los aros y las redes.

Los aros estarán construidos en hierro macizo, tendrán un diámetro interior de 45 centímetros y estarán pintados en color naranja. El metal de los aros deberá tener un diámetro mínimo de 17 milímetros y un máximo de 20 milímetros. Podrán estar provistos de pequeños ganchos en el borde inferior o un dispositivo similar del que pueda suspenderse la red. El aro debe estar rígidamente unido al tablero, situado a 3,05 metros del suelo, en plano horizontal, y equidistante de los bordes verticales del tablero. La distancia más próxima entre las caras de los tableros y el borde interior de los aros será de 15 centímetros.

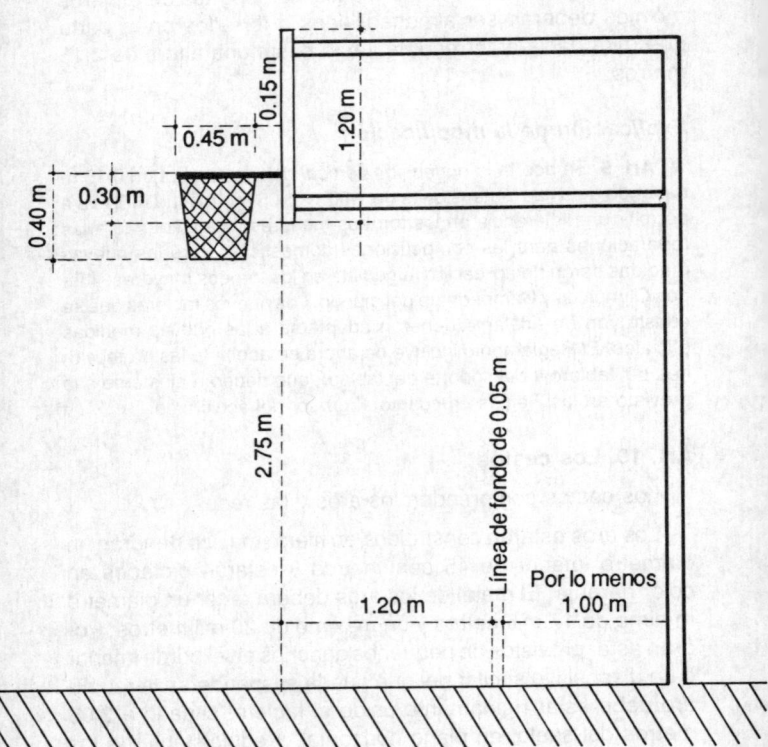

SOPORTE REGLAMENTARIO PARA LOS CESTOS

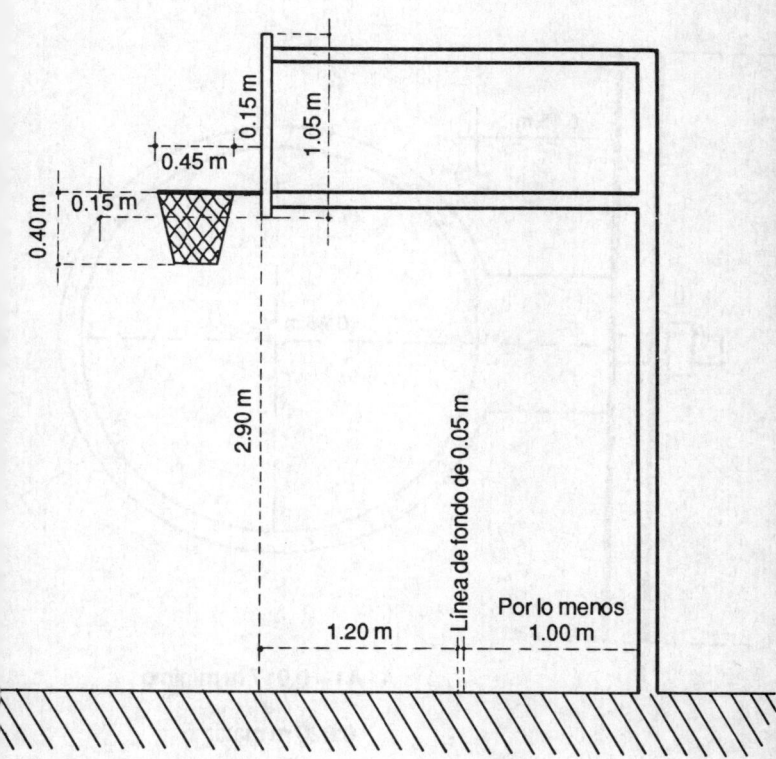

MEDIDAS REGLAMENTARIAS DEL ARO

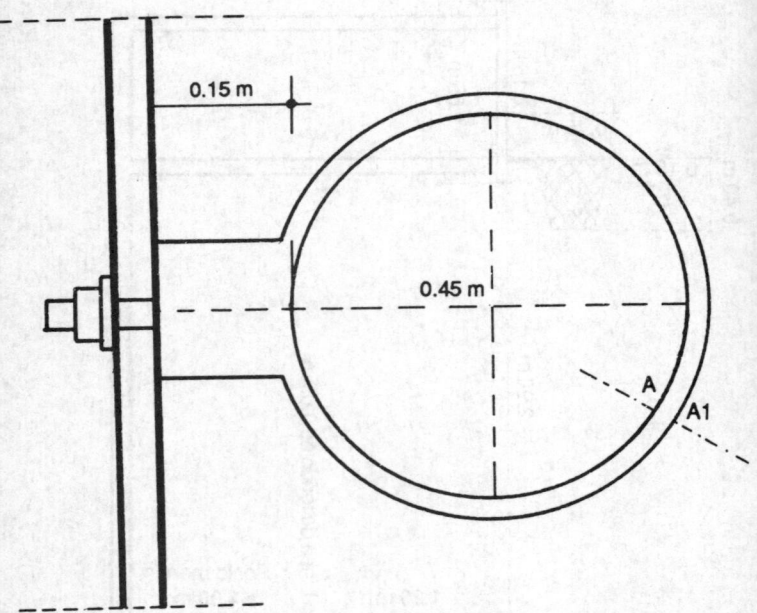

A - A1 = 0.017 m mínimo
a
0.020 m máximo

Las redes serán de cordón blanco, se suspenderán de los aros y estarán construidas de tal forma que el balón quede momentáneamente detenido cuando pasa por el cesto. Tendrán una longitud de 40 centímetros.

Comentario:

Los cestos provistos de un dispositivo de resorte bajo tensión, deberán responder a las siguientes especificaciones:

1. Deben tener las mismas características de rebote que las de los cestos fijos. El mecanismo de resorte bajo tensión debe garantizar tales características, así como proteger también tanto el aro como los tableros. La forma del aro y su construcción, deben ser tales que garanticen la seguridad del jugador.

2. Para los aros provistos de un sistema de bloqueo el mecanismo no se debe disparar más que a partir de una tensión estática de 105 kilogramos ejercida en la parte superior del aro en el punto más alejado del tablero.

3. Cuando está liberado, el aro no debe pivotar más de 30 grados por debajo de su posición horizontal original.

4. Después de accionar su rebote y cuando ya no haya tensión sobre el aro, éste deberá volver automática e instantáneamente a su posición de origen.

Explicación de la modificación

Art. 10. Se ha modificado el *diámetro* del aro del cesto, cuyo grosor oscilará entre 0,17 y 0,20 metros. Las Reglas de Juego incluyen por vez primera las *características técnicas* que deberán reunir los *resortes* de los cestos, cuyo mecanismo debe resistir una fuerza menor de *105 kilogramos* y cuyo ángulo de flexión no deberá exceder de los *30 grados*.

Art. 11. Balón. Material, tamaño y peso

El balón será esférico y de un color homologado anaranjado; estará hecho con una superficie externa de cuero, goma o material sintético. Su circunferencia no debe ser inferior a 749 milímetros ni superior a 78 centímetros y su peso estará entre 567 gramos y 650 gramos y se inflará a una presión de aire tal que, cuando se deje caer sobre un piso de madera sólida o sobre la superficie del terreno de juego, desde una altura aproximada de 1,80 metros, medida hasta el borde inferior del balón, botará hasta una altura, medida hasta el borde superior del balón, de no menos de 1,20 metros ni más de 1,40 metros. El ancho de las costuras y/o de las ranuras del balón no deberá exceder de 0,635 cm.

El equipo local facilitará, por lo menos, un balón usado que reúna las especificaciones anteriormente descritas. El árbitro será el único juez sobre la legalidad del balón y podrá seleccionar para su utilización un balón proporcionado por el equipo visitante.

Explicación de la modificación

Art. 11. Se establece el naranja como color homologado para el balón de juego y se modifican las especificaciones del diámetro del balón, entre 0,749 y 0,780 metros, y del peso, entre 567 y 650 gramos. Se determina, asimismo, el ancho de las costuras o canales del balón, que no deberán exceder los 0,635 centímetros.

Art. 12. Equipo Técnico

El equipo local facilitará el siguiente Equipo Técnico, que estará a disposición de los árbitros y sus ayudantes:

a) El reloj del partido y el reloj para los tiempos muertos: El cronometrador será provisto de, al menos, un reloj del partido

REGLA SEGUNDA
Art. 11. Balón. Material, tamaño y peso

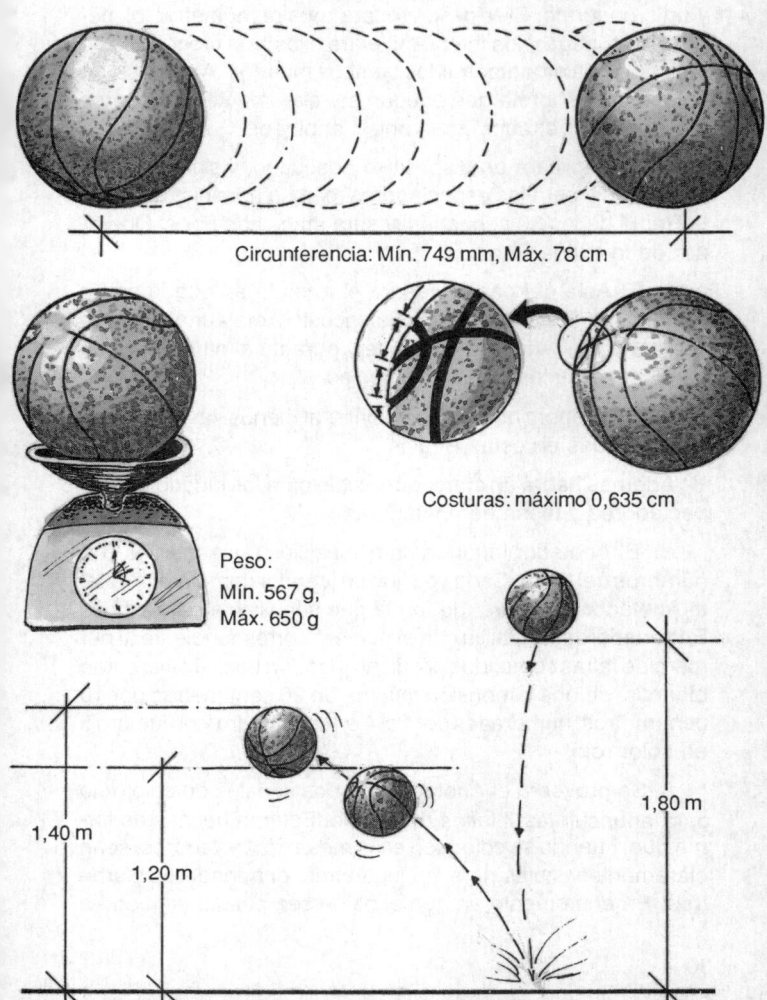

Circunferencia: Mín. 749 mm, Máx. 78 cm

Costuras: máximo 0,635 cm

Peso:
Mín. 567 g,
Máx. 650 g

1,40 m

1,20 m

1,80 m

y un cronógrafo. El reloj se utilizará para cronometrar los períodos de juego y los intervalos entre ellos, y el cronógrafo se utilizará para cronometrar los tiempos muertos. Ambos serán colocados de forma que puedan ser claramente vistos tanto por el cronometrador como por el anotador.

b) Se facilitará un dispositivo adecuado, visible para los jugadores y para los espectadores, para la administración de la Regla de los 30 segundos, y será manejado por el Operador de la citada Regla.

c) El Acta del partido tendrá el formato aprobado por la Federación Internacional de Baloncesto Amateur, y será rellenada por el Anotador antes de y durante el partido, según se dispone en las presentes Reglas.

d) Se proporcionará equipo para, al menos, las tres señales indicadas en estas Reglas.

Además habrá un marcador visible para los jugadores, espectadores y mesa de anotadores.

e) El Anotador tendrá a su disposición unas tablillas con números del 1 al 5. Cada vez que un jugador cometa una falta, el Anotador levantará, de forma que sea visible para ambos Entrenadores, la tablilla con el número correspondiente al número de faltas cometidas por dicho jugador: Las tablillas serán blancas, de una dimensión mínima de 20 centímetros por 10 centímetros, numeradas del 1 al 4 en color negro y el número 5 en color rojo.

f) Se proveerá el Anotador con dos señales de color rojo para anunciar las 7 faltas de equipo. Estarán hechas de forma que, cuando se coloquen en la mesa de Anotadores, sean claramente visibles para los jugadores, entrenadores y árbitros. En el momento en que el balón sea puesto en juego a continuación de la séptima falta de un equipo, se colocará una señal en la mesa de Anotadores, en el extremo más cercano al banco que ocupe el equipo que ha cometido la séptima falta de jugador.

g) Un aparato apropiado para indicar las faltas de equipo.

Comentario:

Las instalaciones y equipo técnico necesarios para celebrar las siguientes competiciones internacionales, sujetas a la aprobación de la FIBA: Torneos Olímpicos, Campeonatos Mundiales masculinos y femeninos, y Junior, masculinos y femeninos y masculino "Sub-22", serán:

a) La sala tendrá una capacidad mínima de 6.000 localidades de asiento, para los Campeonatos del Mundo Junior masculinos y femeninos y masculinos "Sub-22", y un mínimo de 12.500 plazas para los Juegos Olímpicos y los Campeonatos del Mundo masculinos y femeninos.

b) El terreno de juego será de madera u otro material de similares características aprobado por la FIBA. El terreno de juego será una superficie rectangular y dura, con unas dimensiones de 28 metros de largo por 15 metros de ancho. Cuando el terreno de juego no esté limitado por líneas de cinco centímetros de ancho por tener diferentes colores el terreno de juego y los fueras de banda, la línea de separación de los dos colores será considerada como si fuera la parte interior de las líneas que delimitan el terreno de juego, como se especifica en el Artículo 2 de las Reglas.

c) Los tableros estarán confeccionados de un material transparente, debiendo tener la misma rigidez que los de madera, con un espesor de tres centímetros. Sus dimensiones deben ser 1,80 metros horizontalmente y 1,05 metros verticalmente con su base situada a 2,90 metros por encima del suelo. (Ver art. 9).

d) Los soportes de los tableros se colocarán a una distancia de dos metros del borde exterior de las líneas de fondo. Serán de un color vivo que contraste con el fondo, de forma que sean claramente visibles para los jugadores. (Ver art. 9).

e) El balón será de cuero, de una marca aprobada por la FIBA. Los organizadores estarán provistos por lo menos de 12 balones de entrenamiento, de la misma marca, para el período de calentamiento antes del comienzo del partido.

f) La iluminación del terreno de juego tendrá un mínino de 1.500 lux, cuyo nivel será medido a un metro sobre el terreno de juego. Esta iluminación deberá estar de acuerdo con las normas exigidas por televisión.

g) El terreno de juego debe estar equipado de los siguientes instrumentos electrónicos, que deben ser visibles desde la mesa de anotadores, desde el terreno de juego y desde los banquillos de los equipos:

> I. Dos grandes marcadores conteniendo cada uno un cronómetro de tipo digital, claramente visible, indicando la cuenta atrás, con una señal sonora automática muy potente para el final de cada media parte o período extra. Los cronómetros deberán estar bien sincronizados e indicar el tiempo que resta para jugar a lo largo del partido, y al menos durante los últimos 60 segundos de cada media parte o período extra, los cronómetros deberán indicar el tiempo en décimas de segundo. Uno de estos cronómetros deberá ser elegido por el árbitro como cronómetro del partido. Los

marcadores deberán indicar, igualmente, los puntos marcados por cada equipo, así como las faltas cometidas por cada uno de los jugadores. Esto no elimina las tablillas utilizadas por el Anotador para indicar el número de faltas.

II. Los mecanismos automáticos de 30 segundos indicarán el tiempo en segundos, serán de tipo digital, de sistema "cuenta atrás".

Debe haber dos aparatos de este tipo, situados directamente encima del tablero o cuatro en el caso de que sean colocados convenientemente en las esquinas del terreno de juego. El aparato de los 30 segundos deberá estar conectado con el cronómetro principal del juego, de manera que, cuando aparezca la cifra cero y que suene la señal, el cronómetro principal se pare también automáticamente.

III. Un aparato luminoso que indique el número de faltas cometidas por cada equipo. Comprenderá las cifras de 1 a 7.

IV. Serán precisas tres señales separadas con sonido diferente:

– Una para el cronometrador que suene automáticamente para dar por finalizado el juego, al final de cada media parte.

– Una para el Anotador, y

– Una para el Operador de 30 segundos.

Las tres señales deberán ser lo suficientemente potentes para ser oídas fácilmente en las condiciones más ruidosas o adversas.

h) Las áreas restringidas y el círculo central serán de un color que contraste con el del resto del terreno.

Las normas especificadas anteriormente son también recomendadas para las demás competiciones principales.

Explicación de la modificación

Art. 12. El equipo técnico que el equipo local debe presentar a los árbitros incluirá *obligatoriamente tres señales acústicas diferentes* que correspondan al anotador (sustituciones y tiempo muerto), cronometrador (fin del tiempo de juego) y obligación de disponer de un *marcador visible para los jugadores, espectadores y oficiales de mesa*, lo que *prohíbe tácitamente* los marcadores situados a espaldas de banquillos y oficiales de mesa, que se prestaban a todo tipo de triquiñuelas. Se incorpora el aparato para indicar las faltas de equipo.

Los comentarios recogen una serie de especificaciones apropiadas para las competiciones mayores de la FIBA, referidas a las características del equipo técnico. Si su lectura no resulta imprescindible para la mayor parte de los árbitros, sí resulta aconsejable para darse cuenta que la primera condición para celebrar un buen partido de baloncesto es la de disponer de unas instalaciones inmejorables en todos los aspectos, con todo tipo de facilidades para que jugadores, equipo arbitral y espectadores estén en todo momento informados de la marcha del encuentro. Una información suficiente y precisa puede ser el instrumento apropiado para un normal desarrollo del partido y el mantenimiento del control del mismo por parte de los árbitros.

REGLA TERCERA: JUGADORES, SUPLENTES Y ENTRENADORES

Art. 13. Equipos

Cada equipo estará compuesto por no más de diez jugadores, uno de los cuales será el Capitán, y de un Entrenador

REGLA TERCERA
Art. 13. Equipos

que puede estar secundado por un Ayudante de Entrenador (ver también el art. 16). En torneos en los que un equipo tenga que jugar más de tres partidos, el número de jugadores de cada equipo, puede ser incrementado hasta doce.

Cinco jugadores de cada equipo estarán en el terreno de juego durante el tiempo de juego, pudiendo ser sustituidos de acuerdo con las disposiciones contenidas en las presentes Reglas.

Un jugador es un miembro de un equipo que se encuentra en el terreno de juego autorizado para jugar. Cuando no es así, se trata de un sustituto. Un sustituto se convierte en jugador cuando el árbitro le hace la señal para que entre en el terreno de juego y un jugador se convierte en sustituto, desde el momento en que el árbitro hace la señal.

Cada jugador llevará en el frente y en la espalda de su camiseta un número claro, de un color sólido, que contraste con el color de su camiseta. Los números serán claramente visibles. Los de la espalda serán de, al menos, 20 centímetros de largo y los del frente de, al menos, 10 centímetros y hechos con un material de una anchura de no menos de dos centímetros. Los equipos emplearán números del 4 al 15. Los jugadores de un mismo equipo no podrán llevar números duplicados.

El uniforme de los jugadores está constituido como sigue:

— Todos los jugadores del mismo equipo llevarán camisetas del mismo y único color, tanto en el frente como en la espalda. Las camisetas rayadas no están autorizadas.

— Todos los jugadores del mismo equipo llevarán pantalones de un mismo y único color.

— Las camisetas "T", se podrán llevar bajo las camisetas

del uniforme a condición de que sean del mismo color que éstas.

— Las prendas interiores de protección que rebasen los pantalones igualmente pueden ponerse, mientras sean del mismo y único color que el pantalón.

Comentarios:

Las disposiciones contenidas en este Artículo, referentes al tamaño, color y lugar para los números que han de llevar los jugadores, deberán ser estrictamente respetadas. Los números deberán ser claramente visibles y fácilmente identificables para los Arbitros y el Anotador.

La publicidad será exhibida donde no interfiera la visibilidad de los números, tanto en el frente como en la espalda de las camisetas. Bajo ninguna circunstancia serán reducidas las dimensiones de los números de las camisetas.

En caso de desacuerdo sobre el color de los uniformes, deberá cambiar el equipo local. Cuando el encuentro se celebre en un terreno neutral o forme parte de un Torneo, cambiará de uniforme el equipo cuyo nombre figure en primer lugar en el programa oficial y por lo tanto en el Acta.

En torneos, los equipos deberán tener un mínimo de dos juegos de camisetas, una de color claro y otra de color oscuro.

Para los partidos televisados, el equipo citado en el primer lugar en el programa (equipo local) llevará camisetas de color claro y el segundo equipo (equipo visitante) camisetas de color oscuro.

Para las competiciones principales de la FIBA definidas en el Art. 12 (comentario) los jugadores del mismo equipo deberán:

I. Llevar zapatillas que sean todas del mismo color o colores.

II. Llevar calcetines que sean todos del mismo color o colores.

Explicación de la modificación

Art. 13. Se han introducido las siguientes modificaciones:

– El nuevo redactado valoriza aún más la figura del entrenador.

– Los equipos podrán estar formados por DOCE jugadores cuando un torneo conste de más de TRES partidos, siendo el número anterior de cinco partidos.

– Se implantan normas más precisas en cuanto a la uniformidad de los equipos de manera que las camisetas rayadas *no están autorizadas*. Las camisetas de manga corta, bajo las camisetas del equipo, están autorizadas siempre que sean del mismo color que la camiseta sin mangas. Los protectores que sobresalgan debajo del pantalón deberán ser del mismo color que éste.

– Cuando los encuentros sean televisados el equipo local (o el citado en el primer lugar en el programa) llevará un uniforme de *color claro*.

Art. 14. Jugador que abandona el terreno de juego

Ningún jugador podrá abandonar el terreno de juego para conseguir un beneficio injusto. (Para penalización ver el artículo 70).

Art. 15. Capitán. Sus deberes y derechos

Cuando sea necesario, el capitán será el representante de su equipo en el terreno de juego. Puede dirigirse a los árbitros a propósito de cualquier interpretación o para obtener una

REGLA TERCERA
Art. 13. Equipos
(Vestimenta de los jugadores)

información esencial cuando sea necesario, siempre que lo haga en forma correcta.

Antes de dejar el terreno de juego por cualquier razón válida, el capitán informará al árbitro principal sobre el jugador que ha de sustituirle como Capitán durante su ausencia.

Explicación de la modificación

Art. 15. Se introduce una explicación fundamental del papel del capitán. Su presencia sólo se hará notar *"cuando sea necesario"*. El capitán no goza, por tanto, de trato preferencial alguno. Se ha añadido igualmente una pequeña precisión gramatical: el capitán que abandona el terreno de juego informará al árbitro del número del jugador que le sustituye como *capitán*.

Art. 16. Entrenadores

Por lo menos veinte minutos antes de la hora señalada para el comienzo de un partido, cada entrenador facilitará al Anotador los nombres y números de los jugadores que han de participar en el mismo, así como el nombre del Capitán del equipo, del Entrenador y del Ayudante de Entrenador.

Al menos diez minutos antes de la hora señalada para el comienzo de un partido, los Entrenadores ratificarán su conformidad con los nombres y números de sus jugadores y entrenadores inscritos en el Acta del partido, estampando su firma e indicando, al mismo tiempo, los cinco jugadores que van a comenzar el partido. El Entrenador del equipo "A" será el que proporcione esta información en primer lugar.

Si un jugador cambia su número durante un partido, informará de dicho cambio al Anotador y al Arbitro principal. Los tiempos muertos serán solicitados por el Entrenador o el ayudante del entrenador. Cuando un Entrenador o un Ayudante de entrenador decida efectuar una sustitución, el sustituto deberá presentarse al anotador para solicitarlo y deberá estar dispuesto para jugar inmediatamente (ver arts. 13-40-43 y el procedimiento a seguir antes de los partidos).

En el caso de que haya un Ayudante de Entrenador, su nombre debe ser inscrito en el Acta antes de que comience el partido. Asumirá las responsabilidades del Entrenador en el caso de que, por alguna razón, éste no pueda continuar sus funciones.

El capitán del equipo podrá actuar como Entrenador. Si ha de salir del terreno de juego por cualquier razón válida, podrá continuar actuando como Entrenador. No obstante, si sale del juego a consecuencia de una falta descalificante, o si no puede actuar como Entrenador debido a una grave lesión, su sustituto como Capitán también podrá sustituirle como entrenador.

Comentarios:

Un jugador que ha sido designado por el Entrenador para comenzar el partido podrá ser reemplazado en caso de lesión con tal de que el árbitro haya podido constatar la autenticidad de tal lesión.

Los sustitutos que lleguen tarde pueden jugar, a condición de que el entrenador les haya incluido en la relación de jugadores entregada al Anotador, con anterioridad al comienzo del encuentro.

Comunicación del entrenador o del ayudante del entrenador con la mesa de anotadores:

El entrenador o el ayudante del entrenador es la única persona en representación de su equipo que puede comunicarse con los auxiliares de mesa durante el encuentro. Puede hacerlo siempre que sea necesario obtener información concerniente al tanteo, tiempo, el marcador, el número de faltas como se estipula en el art. 71 o para solicitar un tiempo muerto. Los contactos con la Mesa de Anotadores serán, en todo momento, serenos, correctos, y en definitiva, no interferirán en el normal desarrollo del encuentro.

Cuando un entrenador desee efectuar una sustitución de jugador, debe pedir al sustituto que se presente al anotador y solicitar el cambio. El entrenador no deberá dirigirse a la Mesa de Anotadores para hacer esta solicitud de cambio.

Explicación de la modificación

Art. 16. Atención a las modificaciones siguientes:

– Corrección gramatical en la primera frase precisando que cada entrenador y no los entrenadores deberá entregar al anotador la relación de jugadores participantes.

– El *ayudante del entrenador queda autorizado* a solicitar también los tiempos muertos registrados. Atención los oficiales de mesa a las diferentes demandas que puedan llegarles.

– Precisión para indicar que es el *jugador sustituto quien debe informar al anotador* de su intención de cambio, no el entrenador o el ayudante.

– Se incorpora a los comentarios de las Reglas el caso del jugador que debiendo formar parte del cinco inicial, se lesiona y que puede ser sustituido, siempre que el árbitro verifique la lesión.

– Se *endurece* el comentario sobre la comunicación entre el entrenador y la mesa de oficiales. Aunque se *autoriza* también al *ayudante* a dirigirse a los oficiales de mesa, el comentario señala que siempre se hará de *manera serena y cortés, sin interferir el normal desarrollo del juego*. Se remite la situación al Art. 71, esto es, la conducta del entrenador es susceptible de ser penalizada con falta técnica.

– Se insiste todavía en que el cambio deberá ser solicitado por el jugador y que ni el entrenador ni su ayudante están autorizados a dirigirse a la mesa de oficiales para solicitar el cambio. Atención pues a no *autorizar las peticiones de cambio no efectuadas de manera reglamentaria*. Arbitros, comisario y oficiales deberán esmerarse en coordinar mejor sus funciones.

REGLA CUARTA: LOS JUECES Y SUS OBLIGACIONES

Art. 17. Los Arbitros y sus Auxiliares

El encuentro será dirigido por un Arbitro principal y un Arbitro auxiliar, asistidos por un Cronometrador, un Anotador y un Operador de la Regla de los 30 segundos. Igualmente, puede haber un Comisario Técnico.

Los árbitros y sus ayudantes dirigirán el juego de conformidad con las Reglas e interpretaciones oficiales de la FIBA.

Nunca se podrá poner suficiente empeño sobre la necesidad de que los árbitros no tengan ninguna conexión con cualquiera de los equipos representados y que sean completamente competentes e imparciales. Los árbitros, sus ayudantes o el Comisario Técnico, no tienen autoridad para introducir cambios en las Reglas. Los árbitros deberán estar provistos de un uniforme que comprenda, un pantalón gris, una camisa gris y zapatillas de baloncesto negras.

Explicación de la modificación

Art. 17. La figura del *comisario técnico* es introducida en las Reglas de Juego como un integrante más del equipo arbitral. De esta manera se oficializa la función del comisario hasta el presente no definida en las Reglas.

Los árbitros deberán dirigir el encuentro de acuerdo con las Reglas y las *interpretaciones oficiales de la FIBA*, que de esta manera adquieren categoría legal dentro del ordenamiento del baloncesto, los árbitros y demás miembros del equipo arbitral procurarán estudiar y memorizar todas las interpretaciones oficiales que ha hecho la Federación Internacional y deberán recopilarlas para *llevarlas siempre junto al libro del Reglamento*.

— Se insiste en que ni los árbitros ni el comisario técnico (mención expresa a este componente del equipo arbitral, que a veces cae en la tentación de convertirse en un superárbitro) están *autorizados para cambiar las Reglas de Juego*.

— Cambio importante en la uniformidad del árbitro: utilizará *zapatillas de color negro*. Se mejora por tanto el aspecto visual del árbitro, que gana mayor seriedad con esta nueva indumentaria.

Art. 18. Deberes y facultades del Arbitro principal

El Arbitro principal deberá inspeccionar y aprobar todo el equipo, incluyendo todas las señales empleadas por los Oficiales de la mesa y sus ayudantes. Designará el reloj oficial del partido y reconocerá a su operador. Asimismo reconocerá al Anotador y al Operador de la Regla de los 30 segundos. No permitirá que los jugadores usen objetos que, a su juicio, puedan ser peligrosos para los otros jugadores.

El Arbitro principal lanzará el balón al aire en el centro para comenzar el partido. Si no hay acuerdo entre el árbitro principal y el árbitro auxiliar en cuanto a la validez de un tanto, será el primero de ellos el que decida. Tendrá poder para suspender un partido en determinadas circunstancias, y puede también tomar la decisión de declarar a un equipo descalificado si, después de ser advertido por el árbitro principal, se niega a jugar o si por su forma de actuar, impide que se juegue el partido. Su decisión será definitiva cuando el Anotador y Cronometrador no se pongan de acuerdo. Al final de cada medio tiempo y de cada período extra, o en cualquier momento en que él lo considere necesario, examinará cuidadosamente el Acta del partido, aprobará el tanteo y confirmará el tiempo que queda de juego. Con su aprobación al final del partido, terminará la conexión de los jueces con el mismo.

El Arbitro principal tiene facultad para adoptar cualquier decisión sobre cualquier punto que no esté específicamente previsto en las presentes Reglas.

Explicación de la modificación

Art. 18. Se incorporan *dos poderes importantes para el árbitro principal:*

a) Declarar descalificado a un equipo cuando rehúsa jugar tras haber recibido instrucciones para hacerlo.

b) Declarar descalificado a un equipo cuando realiza acciones tendientes a impedir el normal desarrollo del juego.

Art. 19. Deberes de los árbitros

Los árbitros harán sonar su silbato y harán simultáneamente la señal para detener el cronómetro (n. 5 ó 19) y a continuación todas las señales necesarias para indicar claramente su decisión. No harán sonar su silbato después de un cesto conseguido en juego o en un tiro libre, pero indicarán claramente que se ha logrado dicho cesto, utilizando la señal (número 1 o la número 3).

Si fuera necesaria la comunicación verbal para hacer más

clara una decisión, ésta debe ser hecha, en todos los encuentros internacionales, en el idioma inglés.

Después de cada falta o cada violación que lleve consigo un salto entre dos, los árbitros intercambiarán sus puestos.

El cometido de un Comisario Técnico en un encuentro es, principalmente, el supervisar el trabajo de los auxiliares de la mesa y de aportar su concurso a los árbitros para un desarrollo uniforme del juego.

Explicación de la modificación

Art. 19. Aparte de simplificar el título del artículo se ha modificado el primer párrafo donde se indica que los árbitros además de pitar para parar el juego deberán hacer *obligatoriamente* o bien la *señal 5* (parar el juego tras violación) o bien *la señal 19* (falta personal). Por contra no harán sonar el silbato tras una canasta en juego o tras un tiro libre, aunque sí indicarán claramente con las señales 1 y 3 el valor de la canasta anotada.

La labor primordial del *comisario técnico* es la de controlar el trabajo de los oficiales de mesa y asistir a los árbitros para garantizar un desarrollo uniforme del partido. Conviene recordar aquí las palabras de Borisláv Stánkovic sobre el papel del comisario que, en su opinión, tiene una amplia capacidad de acción que deberá utilizar con *firmeza pero con elegancia*, de manera que garantice al final del encuentro la general satisfacción de todos los participantes.

Art. 20. Tiempo y lugar para las decisiones

Los árbitros tendrán poderes para sancionar las infracciones a las Reglas, cometidas tanto en el interior como en el exterior del terreno de juego; estos poderes se inician cuando llegan al terreno de juego, que será veinte minutos antes de la

REGLA CUARTA: Los jueces y sus obligaciones

hora programada para el inicio del encuentro, y terminan cuando finaliza el tiempo de juego, con la aprobación del árbitro principal.

Las penalizaciones para las faltas cometidas durante los intervalos de juego, serán administradas como se describe en el artículo 72.

Si en el espacio comprendido entre la finalización del tiempo de juego y la firma del Acta se produjera alguna acción de conducta antideportiva, por jugadores, entrenadores, ayudantes de entrenador o seguidores de equipo, el árbitro principal debe informar en el Acta que ha ocurrido un incidente y someterá un detallado informe a la autoridad organizadora responsable, la cual tratará estas conductas con la severidad apropiada.

Ninguno de los árbitros tendrá autoridad para anular o discutir las decisiones que adopte el otro, dentro de los límites de sus deberes respectivos, según se detalla en estas Reglas.

Comentario:

Los árbitros deberán determinar en qué orden se han producido las faltas o las violaciones y aplicar las sanciones correspondientes (excepción: ver Arts. 77 y 85 b).

Explicación de la modificación

Art. 20. Se suprime el concepto de *simultaneidad* en las decisiones de los árbitros, debiendo estos establecer el *orden cronológico* en que se han sucedido las diferentes infracciones.

El anterior artículo 20 (señalización de la falta) desaparece de las Reglas de Juego, aunque algunos de sus párrafos continúan en otros artículos.

Art. 21. Deberes del Anotador

El Anotador llevará un registro cronológico arrastrado de los tantos conseguidos; registrará los cestos conseguidos en juego y los tiros libres convertidos o fallados. Registrará las faltas personales y técnicas señaladas a cada jugador y notificará inmediatamente al Árbitro principal cuando se señale a un jugador la quinta falta. Registrará los tiempos muertos cargados a cada equipo y notificará al Entrenador, a través de uno de los árbitros, cuando le ha sido concedido un segundo tiempo muerto en cada medio tiempo del partido. Asimismo, indicará el número de faltas cometidas por cada jugador, empleando las tablillas numeradas que se mencionan en el Artículo 12-e.

El Anotador llevará registro de los nombres y números de los jugadores que han de comenzar el partido y de todos los sustitutos que entren en juego. Cuando se origine una infracción a las Reglas relativa a la notificación de los jugadores que han de comenzar el partido, sustituciones o números de los jugadores, la comunicará al árbitro más cercano lo antes posible a partir del momento en que se descubra la infracción.

La señal del Anotador no detendrá el cronómetro o suspenderá el juego y no hará que el balón quede muerto. Deberá poner cuidado en hacer sonar su señal únicamente cuando el balón esté muerto y se detenga el reloj del partido o con anterioridad a que el balón se ponga de nuevo en juego.

Es esencial que la señal del Anotador sea distinta de las señales del Cronometrador y los Árbitros.

Explicación de la modificación

Art. 21. Un breve recordatorio: las Reglas de Juego reiteran continuamente que los oficiales de mesa deberán disponer de señales diferentes para el *anotador* (cambios y tiempos muertos), *cronometrador* (final de un período de juego) y *operador de 30 segundos* (violación de la regla de los 30 segundos).

Art. 22. Deberes del Cronometrador

El Cronometrador deberá estar atento a la hora en la que ha de comenzar cada media parte, y notificará al Arbitro principal con más de tres minutos de antelación, para que éste, o la persona que él designe, lo comunique a los equipos por lo menos tres minutos antes del comienzo de cada media parte. Llevará registro del tiempo de juego y de los períodos de detención del mismo, según se dispone en las presentes Reglas.

La señal del Cronometrador hará que el balón quede muerto y detendrá el cronómetro de juego.

Cuando se produzca un tiempo muerto solicitado por un equipo (ver art. 40) el Cronometrador pondrá en marcha el cronómetro de tiempos muertos y avisará al anotador cuando hayan transcurrido 50 segundos desde el comienzo del tiempo muerto.

El Cronometrador indicará con una señal potente la finalización del tiempo de juego de cada media parte o período extra.

Si la señal del Cronometrador no funciona o no es oída, el Cronometrador usará cualquier medio para avisar inmediatamente al árbitro. Si durante este tiempo se ha marcado un tanto o se ha pitado una falta, el árbitro principal, en caso de duda, consultará al árbitro auxiliar, si debe dar validez al tanto o si hay que ejecutar la sanción de la falta. Si hiciera falta otra consulta suplementaria, el árbitro principal deberá consultar al Comisario Técnico, si lo hay, así como al anotador y al cronometrador. Sin embargo, será el árbitro el que deberá tomar la decisión final.

Explicación de la modificación

Art. 22. La señal del *cronometrador* hace que el *balón* quede *muerto*, no ocurre lo mismo con la del anotador que no para el partido. La del operador de 30 segundos también causa balón muerto y la parada del reloj del partido. Atención a estas diferencias.

Transcurridos *50 segundos* desde el inicio de un tiempo muerto registrado, el cronometrador indicará al anotador que haga sonar su señal, poniendo fin al tiempo. De esta manera se garantiza que la pausa sea realmente de un minuto.

Si al término de un período de juego se producen dudas en torno a la señalización de una falta o la validez de un cesto, el árbitro principal consultará en primer lugar con el auxiliar, luego en la mesa de oficiales con el Comisario Técnico (recordemos que se ha incorporado esta figura) en presencia del cronometrador y el anotador. *Sólo el árbitro principal adoptará la decisión final.*

Art. 23. Deberes del Operador de la Regla de 30 segundos

El Operador de la Regla de 30 segundos manejará el dispositivo o reloj de 30 segundos (ver Art. 12-b), según se dispone en el Artículo 57 de estas Reglas.

La señal del Operador de la Regla de 30 segundos hace que el balón quede muerto, y se pare el cronómetro de juego.

Ver Artículo 39. Excepción 1.

El dispositivo de 30 segundos será puesto en marcha por su Operador tan pronto como un jugador obtenga el control de un balón vivo en el terreno de juego.

El dispositivo será parado tan pronto como el control del equipo termine (ver el Art. 46) cuando:

a) Se efectúa un lanzamiento a canasta y el balón deja de estar en contacto con la mano del lanzador.

b) Un oponente obtiene el control; o

c) El balón queda muerto.

El dispositivo será vuelto atrás, a la cuenta de 30 segundos, y se iniciará de nuevo la cuenta, solamente, cuando un nuevo período de 30 segundos comience, después que un jugador controle el balón en el terreno de juego.

No se produce, sin embargo, un nuevo período de 30 segundos a continuación de una puesta en juego desde fuera de banda cuando:

a) El balón ha salido de banda y la puesta en juego es efectuada por el mismo equipo que previamente tenía el control del balón.

b) Los árbitros han suspendido el juego para proteger a un jugador lesionado y el saque de banda es efectuado por un jugador del mismo equipo al que pertenece el jugador lesionado.

En tales circunstancias el Operador de 30 segundos volverá a poner en marcha el dispositivo, a partir del momento en que fue detenido, cuando un jugador del mismo equipo se asegura el control del balón en el terreno de juego, después de que se haya efectuado el saque de banda.

Si el equipo con control de balón no lanza a canasta para obtener un cesto en el espacio de 30 segundos, será indicado por una señal sonora del aparato de los 30 segundos.

Comentarios:

El operador de los 30 segundos debe poner en marcha el aparato de los 30 segundos desde el momento en que un jugador se asegure el control de un balón vivo tal como estipula el Art. 57.

Cuando este control finalice, el aparato debe ser parado y volverá a comenzar una nueva cuenta de 30 segundos en el momento en que un jugador controle de nuevo el balón en el terreno de juego.

El aparato de 30 segundos debe ser fabricado de forma tal que:

— Si ningún equipo controla el balón, no deberá aparecer ninguna señal en el aparato.

— Si se para cuando haya un fuera de banda y no haya que volverlo a los 30 segundos, el aparato vuelva a emprender su funcionamiento a partir del tiempo que figuraba cuando se paró.

Si suena la señal de 30 segundos pero no es oída por los árbitros el juego deberá pararse lo más pronto posible. El cronómetro de juego, si sigue funcionando, será vuelto al tiempo en que haya sonado la señal de 30 segundos y entonces no se tendrá en cuenta cualquier cesto conseguido o de cualquier falta (salvo si se trata de una falta técnica, intencionada o descalificante).

Si la señal suena por error y el balón está en el aire como consecuencia de un tiro a cesto, éste si entra es válido.

En otras circunstancias, si ninguno de los equipos tiene control del balón y suena la señal por error, el balón queda muerto inmediatamente y el juego se reanudará por un salto entre dos en el círculo más próximo. (Ver Art. 26). Si un equipo tenía control del balón, cualquier jugador de este equipo efectuará un saque de banda desde el punto más próximo al lugar en que el balón quedó muerto.

Explicación de la modificación

Art. 23. El Reglamento incorpora una frase que resuelve dudas pasadas: el operador de 30 segundos volverá a poner el aparato en marcha tras un saque lateral cuando un *jugador del mismo equipo que efectúa el saque gana control de balón en el terreno de juego*. Atención los operadores de 30 segundos.

Leve cambio en el artículo para indicar que la señal de 30 segundos debe ser diferente de las otras señales de la mesa de oficiales, antes se indicaba una señal potente y ahora se explicita que debe ser la señal de 30 segundos.

Dentro de los comentarios destacar las siguientes precisiones:

— Para poner en marcha el reloj de 30 segundos el jugador deberá establecer control de balón vivo dentro del terreno de juego de acuerdo con las previsiones del Art. 57.

— Si la señal de 30 segundos no es oída, dado que comporta la parada del cronómetro del partido, todo lo que suceda con posterioridad no tendrá validez, *excepto* las faltas técnicas o descalificantes que deberán ser penalizadas siempre que se produzcan.

— Nuevo redactado del párrafo final de los comentarios haciéndolo más coherente: si la señal suena por error y ningún equipo tiene control del balón, salto entre dos; si un equipo tiene control de balón, saque lateral.

REGLA QUINTA: REGLAMENTO DEL JUEGO

Art. 24. Tiempo de juego

El partido constará de dos tiempos de 20 minutos cada uno, con un descanso, normalmente, de 10 minutos entre ambos.

Comentario:

Si las condiciones de las instalaciones así lo requieren, los organizadores pueden incrementar el descanso entre dos medias partes hasta 15 minutos. Esta decisión debe ser comunicada a todos los implicados con anterioridad al comienzo del partido. En torneos de varios días de duración, la decisión debe ser adoptada y dada a conocer a todos los implicados, al menos un día antes del comienzo del torneo.

El órgano competente de la FIBA (Comisión de Zona, Comisión Ejecutiva Continental o, en el caso de Competiciones Mundiales, la Comisión Ejecutiva de la FIBA), los Organismos Nacionales y regionales, están autorizados para aumentar los tiempos de juego de algunos partidos y fijarlos:

Ya sea en 4 períodos de 12 minutos.

Ya sea en 2 medios tiempos de 22 minutos.

Explicación de la modificación

Art. 24. Novedad en las Reglas, los organismos encargados de regular cada competición quedan autorizados a establecer variaciones en la duración del tiempo de juego. Se establece la posibilidad de jugar *cuatro períodos de 12 minutos* o *dos de 22 minutos*. Esta medida

REGLA QUINTA
Art. 24. Tiempo de juego

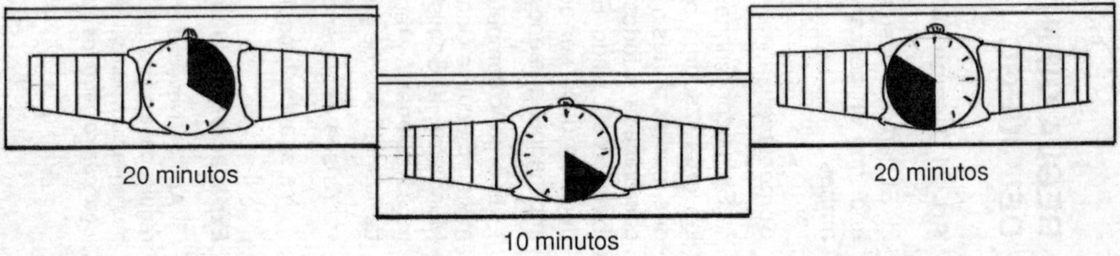

20 minutos

10 minutos

20 minutos

pretende alargar la duración de los encuentros en beneficio del espectáculo y con el interés de atraer más espectadores a los partidos.

Art. 25. Comienzo del partido

El partido se iniciará por medio de un salto entre dos en el círculo central. El Arbitro principal efectuará el lanzamiento entre dos oponentes cualesquiera.

Se seguirá el mismo procedimiento al comienzo de la segunda media parte y, en caso de que hubiera lugar a ello, al comienzo de cada período extra.

El equipo visitante escogerá cesto y banquillo de equipo. En los campos neutrales se sortearán. Los equipos cambiarán de cesto en la segunda parte.

No se podrá dar comienzo al partido, si uno de los equipos no está en el terreno de juego con cinco jugadores dispuestos para jugar. Si quince minutos después de la hora de comienzo de un partido no se hubiera presentado uno de los equipos o no fuera capaz de presentar 5 jugadores en el terreno de juego, el otro equipo ganará el partido por decisión.

Art. 26. Salto entre dos

Tiene lugar un salto entre dos cuando un Arbitro lanza el balón al aire entre dos jugadores de equipos opuestos.

Durante un salto entre dos, los dos saltadores se situarán con ambos pies dentro de aquella mitad del círculo que esté más cerca de su propio cesto, con uno de los pies cerca del centro de la línea que está entre ellos. El Arbitro lanzará entonces el balón al aire, verticalmente, entre los saltadores a una altura superior a la que aquéllos puedan alcanzar al saltar y de forma tal que caiga entre ambos. El balón ha de ser tocado por uno o ambos saltadores después de haber alcanzado su máxima altura. Si toca el suelo sin haber sido tocado por ninguno de los dos saltadores, el salto entre dos será repetido.

Ninguno de los saltadores deberá tocar el balón antes de que éste haya alcanzado su máxima altura, ni podrá dejar su posición antes de que el balón haya sido tocado. Ninguno de ellos podrá coger o golpear el balón más de dos veces. Después de haber tocado el balón por segunda vez, el saltador no deberá tomar contacto con él hasta que haya sido tocado por uno de los ocho jugadores restantes, que no han intervenido en el salto, o haya tocado el suelo, el cesto o el tablero. Esta Regla, por lo tanto, hace posible que el balón pueda ser golpeado cuatro veces, dos por cada saltador. Cuando tiene lugar un salto entre dos, los ocho jugadores restantes deberán mantenerse fuera del círculo (cilindro), hasta que el balón haya sido tocado. Los compañeros de equipo no podrán ocupar posiciones adyacentes alrededor del círculo si un contrario desea ocupar uno de estos puestos.

Explicación de la modificación

Art. 26. Supresión del párrafo final totalmente innecesario.

Art. 27. Violación durante un salto entre dos

Un jugador no violará las disposiciones que regulan el salto entre dos. Si antes de ser tocado el balón, uno de los saltadores abandona la posición de salto, o si uno de los jugadores que no participan en el salto entra en el círculo (cilindro), comete una violación, la cual será señalada inmediatamente por uno de los árbitros. Si se comete una violación por ambos equipos o si el Arbitro efectúa un mal lanzamiento, el salto entre dos será repetido.

REGLA QUINTA
Art. 25. Comienzo del partido

Penalización:

El balón será entregado a un jugador del equipo adversario para que efectúe un saque de banda desde la línea lateral, en el punto más cercano a aquel en que se produjo la violación (ver Art. 62).

Explicación de la modificación

Art. 27. Redactado más preciso de la penalización de una violación en el salto entre dos. Balón lateral para el equipo contrario, en el punto más cercano a aquel en que se cometió la violación. Recordamos que bajo ningún concepto una violación del salto entre dos podrá efectuarse con el jugador a caballo de la línea central del terreno de juego, al árbitro corresponde determinar si el lanzamiento debe efectuarse desde la zona trasera o desde la zona delantera de un equipo.

Art. 28. Cesto. Cuando se marca y su valor

Se marca un cesto cuando un balón vivo entra por la parte superior del cesto y se queda dentro de él o pasa a través del mismo.

Un cesto marcado en juego vale dos puntos a menos que sea conseguido desde la zona de cesto de Tres Puntos, en cuyo caso vale tres puntos; un cesto marcado en tiro libre vale un punto. Un cesto marcado desde el terreno de juego cuenta para el equipo que ataca el cesto en el cual se introdujo el balón.

Si accidentalmente el balón entra en el cesto por la parte inferior, queda muerto y el partido se reanuda mediante un salto entre dos en la línea de tiros libres más cercana.

Si, deliberadamente, un jugador introduce el balón por la parte inferior, comete una violación y el partido se reanudará por un jugador oponente, por medio de un saque, desde fuera del terreno de juego, en la línea lateral, desde el punto más cercano a aquel en que se produjo la violación.

Comentario:

Cuando el balón haya tocado el aro después de un intento de cesto de 3 puntos, éste no tendrá el mismo valor cuando el balón sea golpeado legalmente por un defensor o un atacante.

Explicación de la modificación

Art. 28. Interesante precisión de las Reglas: Un tiro de *3 puntos pierde su condición de tal*, cuando tras rebotar en el aro es tocado legalmente por un jugador, bien sea atacante o defensor. Si el balón es golpeado legalmente y después entra en canasta sólo se anotarán dos puntos.

Art. 29. Interponerse al balón en la ofensiva

Un jugador atacante no podrá tocar el balón mientras está cayendo hacia el cesto y esté sobre el nivel del aro y se encuentre directamente sobre el área restringida, ya sea en un tiro a cesto o en un pase. Esta restricción se aplicará únicamente hasta que el balón toque el aro.

Un jugador atacante no tocará el cesto del equipo adversario o el tablero mientras el balón está en contacto con el aro, durante un tiro a cesto, o en un pase.

Penalización:

El balón queda muerto cuando se produzca la violación.

No se anotará ningún punto, y se concederá el balón al equipo adversario para un saque de banda, desde la línea

REGLA QUINTA
Art. 26. Salto entre dos

lateral, en el punto más cercano a aquel en el que se produjo la violación. (Véase el Artículo 62).

Para la interposición del balón en ataque cuando se trate de un tiro libre, ver penalización Art. 67.

Explicación de la modificación

Art. 29. Precisión en las Reglas de juego: las restricciones al atacante sólo afectan cuando se trata de un tiro desde el terreno de juego o un pase. *El tiro libre tiene su tratamiento especial.* Mayor coherencia en la redacción de la penalización, estableciendo siempre que el balón queda muerto en primer lugar.

Art. 30. Interponerse al balón en la defensiva

Un jugador defensivo no deberá tocar el balón después que ha comenzado a caer al tirar un contrincante al cesto y mientras el balón está completamente sobre el nivel del aro. Esta restricción se aplica únicamente hasta que el balón haya tocado el aro o hasta que se haga evidente que no lo tocará.

Un jugador defensivo no deberá tocar el propio cesto o tablero mientras el balón está en contacto con el aro durante un tiro a cesto, o tocar el balón mientras el balón se encuentra dentro del cesto.

Penalización:

El balón queda muerto al producirse la violación. Se conceden dos o tres puntos si sucede durante un tiro a cesto desde el terreno de juego, según el lugar desde donde fue intentado. El balón se concede fuera de banda, tras la línea de fondo, tal y como si el tiro se hubiera convertido y no hubiera existido la violación.

Para la interposición al balón en defensa durante un tiro libre ver penalización, Artículo 67.

Explicación de la modificación

Art. 30. Las mismas precisiones han sido incorporadas al Art. 30, referido a las interferencias en defensa.

Art. 31. Puesta en juego del balón después de marcarse un cesto en juego y después del último tiro libre convertido

Después de ser logrado un cesto desde el terreno de juego, o último tiro libre convertido, cualquier jugador contrario al equipo al que se acreditan los puntos pondrá el balón en juego desde un punto cualquiera fuera de la línea de fondo donde el cesto haya sido logrado. Podrá lanzar el balón desde cualquier punto, sobre o detrás de la línea de fondo o podrá pasarlo a un compañero de equipo situado sobre o detrás de la línea de fondo. No serán empleados más de cinco segundos para efectuar el lanzamiento al terreno de juego, contándose éstos a partir del instante en que el balón está a disposición del primer jugador fuera de la línea de fondo. (Penalización: violación, ver Art. 65).

El árbitro no deberá tocar el balón a menos, que haciéndolo así, el partido se reanude más rápidamente. Los oponentes del jugador que va a hacer el saque no tocarán el balón. Se dejará pasar que un adversario lo toque accidental o instintivamente, pero si retrasa el juego interfiriendo el balón, deberá ser sancionado con una falta técnica.

Excepción:

A continuación de una falta técnica cargada al Entrenador, una falta intencionada o descalificante cometida por un jugador, el balón será sacado desde fuera del terreno de juego en la línea lateral, en el centro del terreno de juego, en la banda opuesta a la mesa de anotadores haya sido o no convertido el último tiro libre (ver penalizaciones Art. 70 penalización II 71, 75 y 76).

REGLA QUINTA
Art. 28. Cuando se marca cesto y su valor
(Cesto desde la zona de tres puntos)

Explicación de la modificación

Art. 31. Nuevo redactado de la penalización que establece la obligación de efectuar la puesta en juego lateral (tras una falta técnica al banco, una falta intencionada o una falta descalificante) desde la *línea lateral situada enfrente de la mesa de oficiales*.

Art. 32. Resultado del partido

El partido es ganado por el equipo que obtenga mayor número de puntos en el tiempo de juego.

Art. 33. Penalización de pérdida del partido

Perderá el partido el equipo que se niegue a jugar después de haber recibido orden del árbitro principal en este sentido, o que por sus acciones impida que se juegue el partido.

Si durante un partido a un equipo le quedan menos de dos jugadores en el terreno de juego, se dará final al mismo, y aquel equipo perderá el partido.

Si el equipo a favor del cual se decide el partido está delante en el tanteo, se mantendrá dicho tanteo. Si dicho equipo va perdiendo, se registrará un tanteo de dos a cero a su favor.

Explicación de la modificación

Art. 33. Se añade una nueva e interesante causa para declarar perdido el partido a un equipo por abandono: *efectuar maniobras tendientes a impedir jugar el partido*. El redactado es lo suficientemente vago para dejar un margen de maniobra al árbitro que, en cualquier caso, sólo hará uso de esta posibilidad en caso extremo.

Art. 34. Tanteo empatado y períodos extra

Si el tanteo está empatado al terminar el segundo tiempo,

se continuará el partido con un período extra de cinco minutos o durante todos los períodos de cinco minutos que sean necesarios para deshacer el empate. Antes de la primera prórroga, los equipos sortearán para escoger cesto y cambiarán de cestos al comienzo de cada prórroga adicional. Se concederá un descanso de dos minutos antes de cada prórroga. Al comienzo de cada período extra el partido se reanudará con un salto entre dos en el círculo central.

Art. 35. Final del partido

El partido concluye cuando el Cronometrador hace sonar su señal, indicando el final del tiempo de juego.

Cuando se comete una falta simultáneamente con, o justo antes de que, la señal del Cronometrador suene indicando la terminación de una media parte o período extra, el tiro o tiros libres, si la penalización de la falta diera lugar a ellos, serán lanzados.

Cuando un tiro (ver Art. 53) es efectuado próximo al final del tiempo de juego, el tanto, si se consigue, es válido si el balón estaba en el aire antes de que el tiempo expirase. Todas las previsiones contenidas en los Artículos 29 y 30 serán de aplicación hasta que el balón toque el aro. Si el balón da en el aro, rebota y después entra en el cesto, el tanto será válido. Si, después de que el balón haya tocado el aro, un jugador de cualquier equipo toca el balón, se comete una violación. Si la violación es cometida por un jugador defensivo, el tanto se concederá y serán anotados 2 ó 3 puntos. Si la violación es cometida por un jugador ofensivo, el balón quedará muerto y el tanto, si ha sido marcado, no será válido. Estas disposiciones se aplicarán únicamente hasta que sea evidente que el tiro no tendrá éxito.

Comentario:

Si al término de un partido existen dudas en cuanto a la exacta finalización del tiempo de juego (por ejemplo: el Cronometrador no detiene el reloj del partido al producirse una violación, un balón retenido o una falta), el árbitro principal consultará inmediatamente al árbitro auxiliar para determinar el tiempo exacto que quedaba por jugarse. Si se cree necesaria una consulta suplementaria, el árbitro principal puede solicitar el concurso del Comisario Técnico, si lo hay, así como el del cronometrador o el del anotador. El árbitro principal es el que deberá tomar la decisión final.

El árbitro principal indicará claramente en el Acta del partido el tanteo que había en el momento en que el Cronometrador hizo sonar su señal, y ordenará que se continúe el partido durante el tiempo que falta por jugar. El árbitro principal dará comienzo al juego como si nada hubiera ocurrido, administrando la violación, el salto entre dos o la falta. Si uno de los equipos presentara protesta, informará inmediatamente del incidente a la autoridad competente.

Si después de lanzar el tiro o los tiros libres consiguientes a una falta cometida simultáneamente o justo antes del final de la segunda parte o de una prórroga, fuera necesario jugar una o varias prórrogas, las faltas cometidas entre la señal de finalización del juego y el lanzamiento del tiro o los tiros libres se considerarán como cometidas durante un intervalo de juego y penalizadas como estipula el Art. 72.

Explicación de la modificación

Art. 35. Al término de un período de juego, si existen dificultades para determinar el tiempo que debe jugarse, el árbitro principal antes de adoptar una decisión consultará con el auxiliar, el comisario técni-

REGLA QUINTA
Art. 28. Cesto
Art. 31. Puesta en juego del balón después de marcarse un cesto en juego y después del último tiro libre convertido

co o los oficiales de mesa. En caso de protesta de un equipo, el árbitro informará al organismo jurisdiccional pertinente.

REGLA SEXTA: REGLAS PARA EL CRONOMETRAJE

Art. 36. Manejo del reloj del partido

El reloj del partido será puesto en marcha:

a) Cuando el balón, después de haber alcanzado su punto de máxima altura en un salto entre dos, es tocado por el primer jugador.

b) Cuando el balón es tocado por un jugador, dentro del terreno de juego, si un tiro libre no es conseguido y el balón continúa en juego.

c) Cuando el balón es tocado por un jugador, dentro del terreno de juego, si el juego se reanuda por medio de un saque de banda.

El reloj del partido será parado:

a) Al final de cada media parte o período extra.

b) Cuando un árbitro haga sonar su silbato.

c) Cuando suene la señal de los 30 segundos.

d) Cuando es conseguido un tanto en juego contra el equipo cuyo entrenador había solicitado un tiempo muerto registrado, antes que el balón haya salido de las manos del jugador en un intento de tiro a cesto.

Explicación de la modificación

Art. 36. Se reduce el número de párrafos explicativos de la parada del reloj, quedando mucho más explícito con el nuevo texto:

– *Siempre que pite el árbitro.*

– *Al final de cada período de juego.*

– *Tras una canasta en juego, si se solicita convenientemente un tiempo muerto.*

Art. 37. Balón en juego

El balón se pone en juego cuando:

a) El árbitro entra en el círculo para lanzar un salto entre dos, o

b) El árbitro entra en la zona de tiros libres al objeto de que se lance un tiro libre (véase el Art. 66).

c) En una situación de fuera de banda el balón está a disposición del jugador que se halla en el lugar apropiado para efectuar el saque.

Art. 38. Balón vivo

El balón está vivo cuando:

a) Después de haber alcanzado su máxima altura en un salto entre dos es tocado por el primer jugador.

b) El árbitro lo pone a disposición del jugador que va a lanzar el tiro libre (ver Art. 66).

c) A continuación de un saque de banda toca a un jugador en el terreno de juego.

Art. 39. Balón muerto

El balón está muerto cuando:

a) Se logra cualquier cesto (ver Art. 28).

b) Suena el silbato de uno de los árbitros mientras el balón está vivo o en juego.

c) Es evidente que el balón no entrará en el cesto, en un tiro libre por una falta técnica cometida por un entrenador, ayudante de entrenador, sustituto o acompañante de equipo, o por falta intencionada o descalificante cometida por un jugador o en un tiro libre que ha de ser seguido por otro tiro libre.

d) Suena la señal del Operador de la Regla de 30 segundos mientras el balón está vivo.

e) Finaliza el tiempo de una media parte o período extra.

f) El balón se encuentra en el aire en un tiro a canasta y es tocado por un jugador de cualquier equipo, después de que el tiempo haya expirado, de una media parte o período extra o después de que haya sido señalada una falta. Las estipulaciones contenidas en los Artículos 29, 30 y 35, son válidas.

Excepciones:

El balón no queda muerto en los casos siguientes y el tanto, de ser logrado, es válido:

1) En un tiro libre o en un tiro a cesto el balón se encuentra en el aire cuando ocurre b), d) o e) antes citados.

2) Un contrincante comete una falta mientras el balón está bajo control de un jugador que está tirando a cesto y que finaliza su tiro en una acción continuada que comenzó antes que la falta ocurriese. El cesto no será válido si se ejecuta un nuevo movimiento después del sonido del silbato. Esto no se aplicará al final de un período (Art. 35).

REGLA SEXTA
Art. 37. Balón en juego
Art. 38. Balón vivo

Explicación de la modificación

Art. 39. Mayor simplificación también de los casos en que el balón queda muerto, con una precisión sobre la acción continuada.

Art. 40. Tiempo muerto registrado

Se podrán conceder dos tiempos muertos registrados a cada equipo durante cada media parte y un tiempo adicional por cada período extra.

Los tiempos muertos no utilizados no podrán acumularse a la siguiente media parte o período extra.

Un Entrenador o un Ayudante de entrenador tienen derecho a solicitar un tiempo muerto registrado. El Entrenador deberá ir en persona al Anotador y solicitará claramente un "tiempo muerto", haciendo la señal convencional con sus manos.

El Anotador hará sonar su señal para indicar a los árbitros que ha sido solicitado un tiempo muerto registrado, en cuanto el balón esté muerto y el reloj oficial del partido esté parado; pero antes que el balón esté nuevamente en juego (véase Art. 37).

También puede serle concedido un tiempo muerto a un Entrenador o Ayudante de entrenador si, después de haber solicitado el mismo, se consigue por sus oponentes un tanto en juego. En este caso el cronometrador parará inmediatamente el reloj de juego. El anotador hará sonar su señal a continuación e indicará a los árbitros que ha sido solicitado un tiempo muerto, pero siempre que la petición haya sido hecha antes que el balón haya salido de la mano del jugador que ha lanzado.

No será concedido un tiempo muerto registrado desde el

momento en que el balón está en juego para el primer o único tiro libre, hasta que un nuevo período de puesta en marcha del cronómetro de juego haya finalizado, salvo:

a) Cuando se haya producido una falta entre la ejecución de los tiros libres, en este caso, se terminan de lanzar los tiros, y el tiempo muerto será concedido antes que el balón esté en juego para la nueva penalización de la falta.

b) Se señala una violación antes que el cronómetro se ponga en funcionamiento y la penalización por aquélla sea un salto entre dos o una puesta en juego desde la línea lateral.

Se cargará un tiempo muerto a un equipo por cada minuto que consuma, según se dispone en este artículo. Si el equipo que solicitó el tiempo muerto está listo para jugar antes de finalizar dicho tiempo muerto, el árbitro principal deberá hacer que continúe inmediatamente el juego. Durante el transcurso de los tiempos muertos, se autoriza a los jugadores a salir del terreno de juego y sentarse en el banquillo del equipo.

Excepciones:

No se cargará ningún tiempo muerto si un jugador lesionado está listo para jugar inmediatamente sin haber recibido asistencia o es sustituido tan pronto como sea posible, o si un jugador descalificado o un jugador que ha cometido su quinta falta, es sustituido en un período de un minuto o si un árbitro permite una demora.

Comentarios:

Se llama la atención de los entrenadores y anotadores hacia los siguientes puntos, en relación con la administración de tiempos muertos registrados:

a) La petición de un equipo para un tiempo muerto registrado sólo podrá ser retirada antes de que el Anotador señale a los árbitros que se ha formulado una petición de tiempo muerto registrado.

b) El Anotador no usará su señal para indicar la petición de tiempo muerto registrado cuando el Arbitro esté a punto de entrar en el círculo para administrar un salto entre dos, o en la zona de tiros libres para administrar un tiro libre o entrega el balón al jugador que vaya a efectuar un lanzamiento desde fuera del terreno de juego.

c) El tiempo muerto será concedido al primer Entrenador que haya hecho la petición salvo si el tiempo muerto se concede a continuación de un cesto convertido por el adversario y sin que se haya pitado una falta.

d) El anotador hará sonar su señal para los árbitros cuando hayan transcurrido 50 segundos a partir del comienzo del tiempo muerto.

Explicación de la modificación

Art. 40. Los artículos tiempo muerto, tiempo muerto registrado y tiempos muertos legales han sido refundidos en un solo texto denominado tiempo muerto registrado. Conviene retener los siguientes conceptos:

— El tiempo muerto registrado puede ser *solicitado por el entrenador o su ayudante.*

— El *anotador es el encargado de solicitar al árbitro* el tiempo muerto registrado.

— El tiempo muerto registrado después de canasta debe solicitarse *antes de que el balón deje las manos del jugador y sin condición previa.*

REGLA SEXTA
Art. 39. Balón muerto

– Se puede solicitar *tiempo muerto* registrado durante los tiros libres cuando concurran las siguientes circunstancias:

1) Una falta ocurre entre los tiros. El tiempo se concederá antes de aplicar la nueva penalización.

2) Se señala una violación antes de poner en marcha el crono y la penalización de esta violación es *salto entre dos o saque lateral*. Nunca si se trata de un saque desde la línea de fondo.

Transcurridos *50 segundos* del tiempo muerto el anotador hará sonar su señal, ordenando al árbitro la reanudación del partido.

Atención los oficiales de mesa a esta variación.

– Durante los tiempos muertos los jugadores *pueden abandonar el terreno de juego* y sentarse en el banquillo.

– Cuando dos entrenadores solicitan tiempo muerto, se le cargará al que lo pidió en primer lugar, salvo que se conceda tras una canasta en juego, en cuyo caso se anotará al equipo autorizado a solicitarlo en ese momento.

Art. 41. Tiempo muerto en caso de lesión de los jugadores o de los árbitros

Los árbitros pueden parar el juego en caso de lesionarse un jugador o por cualquier otro motivo. Si el balón está vivo cuando se produce una lesión, los árbitros se abstendrán de hacer sonar sus silbatos hasta que la jugada haya finalizado; es decir, que el equipo con control de balón haya tirado a cesto, haya perdido el control del balón, demore poner el balón en juego o se haya producido un balón muerto.

Cuando sea necesario proteger a un jugador lesionado, los árbitros podrán suspender el juego inmediatamente.

Si el jugador lesionado no puede continuar jugando inmediatamente y si recibe asistencia, debe ser sustituido en el espacio de un minuto o en cuanto sea posible si la lesión no permite una sustitución más rápida. Su sustituto deberá lanzar los tiros libres que pudieran haberle sido concedidos al jugador lesionado. En el caso que el último tiro libre sea convertido, el sustituto del jugador lesionado no podrá ser cambiado hasta la siguiente ocasión de sustitución de su equipo.

Si un jugador lesionado no es sustituido como se establece en este Artículo, le será cargado un tiempo muerto a su equipo, excepto en el caso de que tal equipo debe continuar con menos de cinco jugadores. Si su equipo no dispone ya de tiempos muertos, le será cargada una falta técnica al Entrenador.

Comentario:

En caso de lesión de un Arbitro, el otro Arbitro aplicará las mismas disposiciones que se indican en caso de lesión de un jugador. Si el Arbitro lesionado no puede continuar sus funciones dentro de un período de 10 minutos a partir del incidente, se reanudará el partido y el otro Arbitro arbitrará solo hasta el final del mismo, a menos que exista una posibilidad de sustituir al Arbitro lesionado por un Arbitro cualificado.

Explicación de la modificación

Art. 41. Se precisa el tiempo para atender a un jugador lesionado y su eventual penalización. Un jugador lesionado que necesite asistencia para su recuperación deberá estar en condiciones de jugar en *un minuto*, transcurrido este tiempo sin que el sustituto haya entrado en juego, *se cargará un tiempo muerto* al equipo infractor. De haberlos agotado se le señalará *falta técnica al entrenador*.

En caso de lesión de un jugador que debe lanzar los tiros libres, el reemplazante no podrá ser cambiado hasta que su equipo vuelva a tener otra ocasión de cambio, pero *nunca tras el último tiro libre si este es convertido*.

En caso de lesión de un Arbitro, sólo podrá ser reemplazado cuando se encuentre un sustituto de la categoría apropiada.

Art. 42. Cómo se reanuda el partido

Después que el balón ha quedado muerto por cualquier razón, el partido se reanuda de una de las siguientes maneras:

a) Si un equipo tenía control del balón, cualquier jugador de este equipo efectuará un saque desde el punto de fuera de banda en la línea lateral más cercano a aquel en que el balón quedó muerto.

b) Si ninguno de los dos equipos tenía control del balón, mediante un salto entre dos, en el círculo más cercano al lugar donde el balón quedó muerto.

c) Después de una falta, como se determina en el Artículo 63.

d) Después de un balón retenido, como se determina en el Art. 52.

e) Después del final de una media parte o de un período extra, como se determina en los Artículos 25 y 34.

f) Después de un tanto en juego, como se determina en el Artículo 31.

g) Después de un tiro libre, como se determina en los Artículos 31, 66, 67, 71, 72, 75 y 76.

h) Después de un fuera de banda, como se determina en el Artículo 62.

i) Después de una violación, como se determina en el Artículo 62.

REGLA SEPTIMA: REGLAMENTO PARA LOS JUGADORES

Art. 43. Sustituciones

Un sustituto, antes de entrar en el terreno de juego, debe presentarse al Anotador y ha de estar listo para jugar inmediatamente.

El Anotador hará sonar su señal en cuanto el balón esté muerto y el reloj parado, pero con anterioridad a que el balón sea puesto de nuevo en juego (ver el Art. 37).

Después de una violación, solamente el equipo que no la cometió y que va a efectuar el saque de banda puede efectuar una sustitución. Si dicha sustitución se efectúa, el equipo contrario puede también efectuar una sustitución. El sustituto permanecerá fuera del terreno de juego hasta que un Arbitro le haga la señal autorizándole a entrar en el terreno de juego, después de la cual, entrará inmediatamente.

Las sustituciones se efectuarán tan rápidamente como sea posible. Si en la opinión del Arbitro existe una demora excesiva, será cargado un tiempo muerto al equipo infractor.

Un jugador que ha de participar en un salto entre dos, no podrá ser sustituido por otro jugador.

El jugador que ha sido cambiado no podrá volver al terreno de juego durante el mismo período de tiempo del cambio.

No se permitirá una sustitución:

a) Después de un cesto convertido a menos que se haya concedido un tiempo muerto o se haya señalizado una falta.

b) Desde el momento que el balón está en juego para el

REGLA SEPTIMA
Art. 43. Sustituciones

③

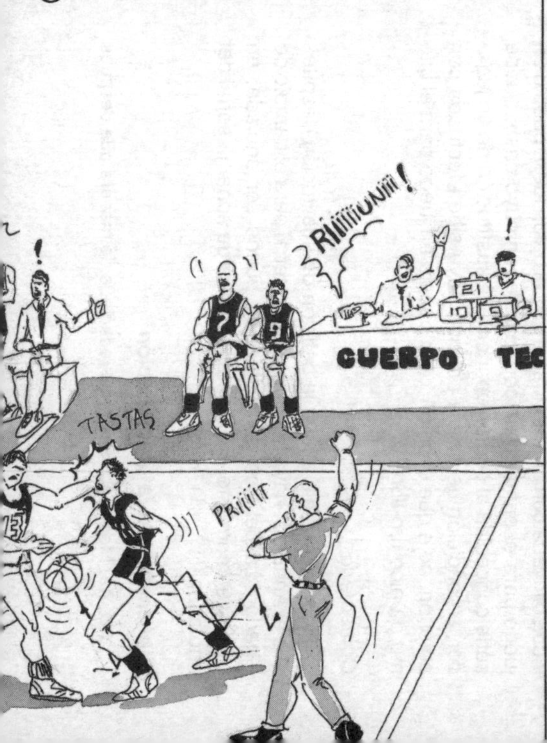

④

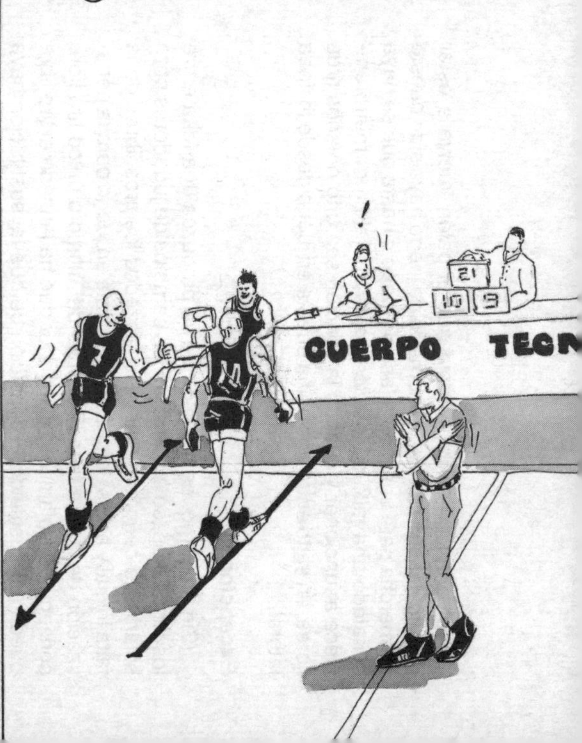

primer o único tiro libre, hasta que el balón vuelva a estar muerto después que el cronómetro de juego haya sido puesto en marcha para una nueva fase de juego o hasta que se haya señalado una falta o violación antes que el cronómetro empiece a funcionar y cuando la sanción sea uno o varios tiros libres, un salto entre dos o una puesta en juego desde la línea lateral.

Excepciones:

Sin embargo, en el caso que se produzca una falta entre los tiros libres, se autorizarán los cambios de jugadores pero solamente cuando hayan sido lanzados los tiros libres de la falta inicial y antes de que el balón esté en juego para la penalización de la otra falta. Después del último o único tiro libre conseguido, solamente el jugador que ha lanzado el tiro libre puede ser sustituido, a condición de que tal sustitución haya sido solicitada con anterioridad a que el balón fuera puesto en juego para el primer o único tiro libre, en cuyo caso, puede serle concedida al equipo oponente la sustitución de un jugador, a condición de que la petición haya sido efectuada con anterioridad a que el balón fuera puesto en juego para el último o único tiro libre.

Comentario:

No será posible anular la petición de sustitución después que el Anotador haya hecho sonar su señal para el cambio de jugador. La petición de sustitución puede ser anulada, en cualquier momento, sin embargo, antes de sonar la señal del anotador.

Explicación de la modificación

Art. 43. Modificaciones en el redactado de manera que después de una violación *sólo el equipo que no ha cometido la violación y que debe efectuar el saque de banda* podrá solicitar una sustitución.

En los tiros libres, de producirse una violación o una falta se podrá solicitar una sustitución *sólo si la penalización es de nuevos tiros libres, saque de banda o salto entre dos*.

Ejemplo: Ultimo tiro libre de A4. A5 comete una violación que significa saque de banda para B. El equipo B puede solicitar una sustitución.

A4 lanza el primero de dos tiros libres, cuando B5 comete falta personal. El equipo B solicita una sustitución. Legal, pero habrá que esperar a la conclusión de los dos tiros libres para proceder a ella.

Art. 44. Situación de los jugadores y los Arbitros

La situación de un jugador se determina según el lugar donde está en contacto con el suelo. Cuando está en el aire, después de un salto, se considera que mantiene la misma situación que tenía antes de efectuarlo, tanto en lo que se refiere a las líneas que delimitan el terreno de juego, la línea central, la línea de 3 puntos, la línea de tiros libres o las líneas que limitan los pasillos de tiro libre (con excepción de lo que se indica en el Art. 65-C).

La posición de un Arbitro se determina de igual forma que la de un jugador. Cuando el balón toca a un Arbitro es lo mismo que si tocara aquella parte del suelo sobre la que el Arbitro está situado.

Art. 45. Cómo se juega el balón

En baloncesto el balón se juega con las manos. Correr con el balón, golpearlo con el pie o con el puño, constituye una violación. Para penalización ver el Artículo 62.

Golpear el balón con el pie o bloquearle con cualquier parte de la pierna de un jugador solamente constituye violación cuando se hace deliberadamente.

Tocar accidentalmente el balón con el pie o pierna no es una violación.

Art. 46. Control del balón

Un jugador tiene control del balón cuando tiene o está botando un balón vivo o, en una situación de fuera de banda, cuando el balón ha sido puesto a su disposición para un saque (ver Art. 37-c).

Un equipo tiene control del balón cuando un jugador de este equipo tiene el control del mismo y también cuando el balón está siendo pasado entre jugadores del mismo equipo.

El control del balón continúa hasta que un oponente obtenga el control, se produzca un balón muerto o, en un tiro a cesto, cuando el balón ha dejado de estar en contacto con la mano del lanzador.

Art. 47. Jugador fuera de banda. Balón fuera de banda

Un jugador está fuera de banda cuando toca el suelo sobre o fuera de una línea limítrofe.

El balón está fuera de banda cuando toca:

a) A un jugador o cualquier otra persona que se halla fuera de los límites del terreno de juego.

b) El suelo o cualquier objeto sobre o fuera de los límites del terreno de juego.

c) Los soportes o la parte posterior de los tableros.

Explicación de la modificación

Art. 47. Nueva presentación del texto, que facilitará la lectura.

Art. 48. Cómo sale el balón fuera de banda

El causante de que el balón salga fuera de banda es el último jugador que lo tocó antes de que saliera, incluso en el caso de que el balón salga fuera por haber sido tocado por algo que no sea un jugador.

Un árbitro indicará claramente qué equipo es el que tiene que poner el balón en juego desde el exterior del terreno de juego.

El hacer que el balón salga fuera de banda constituye una violación. Para la penalización ver el Artículo 62.

Los Arbitros deberán señalar balón retenido cuando no puedan determinar con precisión qué equipo fue el que hizo salir el balón fuera de banda (ver el Art. 52).

Explicación de la modificación

Art. 48. La responsabilidad del fuera de banda será del equipo que tocó el balón en último lugar. Desaparece la referencia al lanzamiento de balón intencionado contra un adversario.

Ejemplo: A4 lanza el balón contra B5, saliendo fuera de banda. Balón para el equipo A y sigue la cuenta de 30 segundos.

Art. 49. Regate ("Dribling")

Se efectuará un regate cuando un jugador, después de haber logrado control del balón, le da impulso tirándolo, palmeándolo o rodándolo, y lo vuelve a tocar antes de que toque a otro jugador. En un regate el balón ha de tomar contacto con el suelo. Después de dar impulso al balón según las actuaciones descritas anteriormente, el jugador completa su regate en el preciso momento en que toca el balón simultáneamente con las dos manos, o permite que el balón descanse en una o ambas manos. No existe límite al número de pasos que un jugador puede dar cuando el balón no se halla en contacto con su mano.

Un jugador no puede hacer un segundo regate después de que haya finalizado el primer regate, a menos que sea después de que haya perdido el control a causa de:

a) Un tiro a cesto.

b) Un tapón de un oponente.

c) Un pase o pérdida involuntaria del balón que ha sido interceptado o tocado por otro jugador.

Un jugador que lanza contra el tablero y lo toca antes de que lo haya tocado otro jugador comete una violación, a menos que, en la opinión del árbitro, fuera un tiro a cesto.

Excepción:

Las siguientes acciones no son regates:

a) Lanzamientos sucesivos a cesto.

b) Pérdida accidental del control del balón y recuperación del control del mismo ("fumble") al principio o final de un regate.

c) Intentos de obtener el control golpeándole fuera de las proximidades de otros jugadores que pretenden obtenerlo.

d) Golpear el balón que está bajo el control de otro jugador.

e) Interceptar un pase volviendo a recobrar el balón.

f) Pasarse el balón de mano en mano y permitiendo que

descanse antes que toque el suelo, a condición de que no avance con el balón, lo que constituiría una violación.

Efectuar un segundo regate constituye una violación.

Penalización:

El balón se entrega a un adversario para la puesta en juego desde la línea lateral, desde el punto más próximo al lugar en que se cometió la violación.

Explicación de la modificación

Art. 49. Nueva presentación del texto para facilitar su lectura.

Art. 50. Pivote

Tiene lugar un pivote cuando un jugador en posesión del balón desplaza, un pie en una o varias direcciones, manteniendo el otro, llamado pie de pivote, sobre su punto de contacto con el suelo.

Art. 51. Avanzar con el balón

Un jugador podrá avanzar con el balón en cualquier dirección dentro de los siguientes límites:

CASO 1) Un jugador que recibe el balón estando parado puede pivotar empleando cualquier pie como pie de pivote.

CASO 2) Un jugador que recibe el balón estando en movimiento, o un jugador que completa un regate, podrá ejecutar un ritmo de dos tiempos para detenerse o para desprenderse del balón.

El primer tiempo tiene lugar:

a) Cuando recibe el balón, si cualquiera de los dos pies está tocando el suelo en dicho momento, o

b) Cuando cualquiera de los dos pies toca el suelo o cuando ambos pies tocan el suelo simultáneamente después de recibir el balón, si no tenía ninguno de los dos pies en contacto con el suelo en el momento de recibirlo.

El segundo tiempo tiene lugar cuando, después de haberse contado el primero, uno de los dos pies toca el suelo, o ambos pies tocan el suelo simultáneamente.

Un jugador que se ha parado en el primer tiempo de un ritmo de dos tiempos, no podrá efectuar un nuevo movimiento dentro del segundo tiempo.

Cuando un jugador ha llegado a detenerse de acuerdo con las presentes Reglas, si tiene un pie más adelantado que el otro, podrá pivotar, pero únicamente podrá emplear el pie más retrasado como pie de pivote. No obstante, si tiene los dos pies a la misma altura, podrá emplear cualquiera de ellos como pie de pivote.

CASO 3) Un jugador que recibe el balón estando parado o se detiene legalmente estando en posesión del balón:

a) Podrá levantar el pie pivote o saltar al tirar a cesto o al pasar el balón, pero el balón deberá salir de sus manos antes que uno o ambos pies toquen otra vez el suelo, aunque la o las manos de un defensor esté o estén en contacto con el balón si la o las manos retienen firmemente el balón de manera que ninguno de los jugadores pueda apoderarse del mismo sin violencia excesiva, deberá señalarse un salto entre dos.

b) No podrá levantar el pie pivote al comenzar un regate antes de que el balón deje sus manos.

El avanzar con el balón en exceso de estos límites constituye una violación.

REGLA SÉPTIMA

Art. 54. Regla de los tres segundos

Penalización:

El balón será entregado a un adversario para que lo ponga en juego desde la línea lateral en el punto más cercano al lugar en que la violación fue cometida.

Explicación de la modificación

Art. 51. Se incluye el caso del jugador que salta y su trayectoria es interceptada por un defensor:

– Si el balón es tocado y el atacante cae con él al suelo, violación.

– Si el balón es fuertemente agarrado por el contrario y forcejean ambos jugadores, salto entre dos.

Art. 52. Balón retenido

Los Arbitros no deben apresurarse a declarar balón retenido, ya que esto interrumpe la continuidad del juego y priva injustamente de la posesión del balón a un jugador que ya lo ha logrado o está a punto de lograrlo. Se debe señalar solamente cuando uno o varios jugadores de cada equipo tengan una o ambas manos firmemente sobre el balón de manera que ninguno pueda obtenerlo sin violencia.

No se justifica el señalar balón retenido únicamente por el hecho de que el jugador defensivo ha logrado poner sus manos sobre el balón. Por lo general, esta decisión es injusta para el jugador que tiene firme posesión del mismo.

Un salto entre dos jugadores tendrá lugar:

a) Cuando se decreta balón retenido, si hay más de dos jugadores implicados en la acción, el balón será lanzado al aire entre dos jugadores contrarios de aproximadamente la misma altura.

b) Si el balón sale fuera de banda y fue tocado antes simultáneamente por dos jugadores contrarios, o si el Arbitro no puede determinar con exactitud qué jugador fue el último que tocó el balón, o si los Arbitros no están de acuerdo, el juego se reanudará mediante un salto en el círculo más cercano, entre los dos jugadores que intervinieron en la jugada.

c) Siempre que el balón quede retenido por los soportes del cesto, el partido se reanudará con un salto entre dos, entre dos jugadores oponentes cualesquiera, en la línea de tiros libres más próxima.

Excepción:

(ver los Arts. 71, 75, 76 y 79).

Explicación de la modificación

Art. 52. Nuevo redactado para facilitar la lectura.

Art. 53. Jugador en acción de tirar a cesto

Un jugador está en acción de tiro cuando, a juicio de un Arbitro, inicia un intento de marcar lanzando, hundiendo (tirando de arriba abajo) o palmeando el balón hacia el cesto y continúa hasta que el balón ha abandonado la mano o las manos del jugador.

Excepción:

No se considera que estén en acción de tiro los jugadores que palmean el balón directamente a canasta de una situación de salto entre dos.

Comentarios:

Los criterios concernientes a la progresión con el balón tanto en el primer tiempo como en el segundo, de la cuenta de dos tiempos, no pueden servir de base para determinar si el jugador está o no en acción de tirar a cesto. Para que una falta cometida sobre un jugador que tira a cesto sea considerada como cometida en acción de tiro, debe ser cometida después que el jugador haya comenzado el movimiento que precede a soltar el balón en el lanzamiento (ver Art. 51).

Definición de Lanzamiento, Hundimiento y Palmeo en Acción de Tiro

Lanzamiento: Retener el balón en una o ambas manos y lanzarlo por el aire hacia el cesto.

Hundimiento: Introducir o intentar introducir el balón de arriba abajo dentro del cesto, con una o ambas manos.

Palmeo: Golpear el balón con una o ambas manos, hacia el cesto.

Explicación de la modificación

Art. 53. Se incluye un párrafo sobre el criterio para considerar la acción continuada: el árbitro deberá determinar si el jugador está haciendo un movimiento real de tiro.

Art. 54. Regla de los tres segundos

Ningún jugador podrá permanecer más de tres segundos consecutivos en aquella parte del área restringida del equipo adversario, comprendida entre la línea de fondo y el borde más alejado de la línea de tiro libre, mientras su equipo tiene el control del balón.

REGLA SEPTIMA
Art. 55. Regla de los cinco segundos

La Regla de los tres segundos está en vigor en todas las situaciones de fuera de banda, y se comenzará a contar este período en el momento en que el jugador que va a efectuar el lanzamiento se encuentra fuera de banda y tiene control del balón.

Las líneas que delimitan el área restringida forman parte de la misma, y cualquier jugador que las toque se encuentra dentro de dicha área. La restricción de los tres segundos no será aplicada cuando el balón se encuentra en el aire en un tiro a cesto, durante un rebote o cuando está muerto, ya que ningún equipo tiene control de él en tales situaciones. Podrá permitirse que un jugador que no ha llegado a estar tres segundos en el área restringida, avance en regate dentro de ella, para lanzar a cesto.

Una infracción de esta Regla constituye una violación.

Penalización:

El balón se concederá a un adversario para un saque desde la banda lateral en el punto más próximo al lugar en que ocurrió la violación.

Explicación de la modificación

Art. 54. Breve modificación para precisar que el jugador no podrá permanecer más de 3 segundos *consecutivos*.

Art. 55. Regla de los cinco segundos

Será señalada una violación cuando un jugador, que se encuentra estrechamente marcado y tiene posesión del balón, no lo pasa, lanza, rueda o bota en cinco segundos.

Penalización:

El balón se concederá a su adversario para un saque desde la banda lateral en el punto más próximo al lugar en que ocurrió la violación.

Art. 56. Regla de los diez segundos

Cuando un jugador obtiene control de balón vivo en su pista trasera, su equipo tiene 10 segundos para hacer llegar el balón a su pista delantera.

El balón se encuentra en la pista delantera de un equipo cuando toca la pista más allá de la línea central o toca a un jugador de este equipo que tiene parte de su cuerpo en contacto con la pista más allá de la línea central.

Una infracción a esta Regla constituye una violación.

Penalización:

El balón se concederá a un adversario para un saque desde la banda lateral en el punto más próximo al lugar en que ocurrió la violación.

Art. 57. Regla de los 30 segundos

Cuando un jugador obtiene el control de un balón vivo, dentro del terreno de juego, su equipo deberá efectuar un tiro a cesto dentro de un período de 30 segundos.

Una infracción a esta regla constituye una violación.

Penalización:

El balón se concederá a un adversario para un saque desde la banda lateral en el punto más próximo al lugar en que ocurrió la violación.

REGLA SÉPTIMA
Art. 56. Regla de los diez segundos

No obstante no se iniciará un nuevo período de 30 segundos a continuación de un saque de banda, desde la línea lateral cuando:

a) El balón ha salido de banda y la puesta en juego del balón es efectuada por un jugador del mismo equipo que tenía, previamente, el control de él.

b) Los Árbitros han detenido el juego para proteger a un jugador lesionado y la puesta en juego es efectuada por un jugador del mismo equipo al que pertenece el jugador lesionado.

En tales circunstancias el Operador de 30 segundos volverá a poner en marcha el aparato desde el momento en que fue parado y una vez que un jugador del mismo equipo tenga de nuevo control del balón después que el saque de banda haya sido realizado.

Todas las Reglas relativas al final del tiempo de juego se aplicarán a las violaciones de la Regla de los 30 segundos (ver Arts. 35 y 39).

Comentario:

El simple toque del balón por un oponente, no da lugar a un nuevo período de 30 segundos, si el control del balón continúa en poder del mismo equipo.

Explicación de la modificación

Art. 57. Se precisa que en la reanudación de la cuenta de 30 segundos, el operador no pondrá el aparato en marcha hasta que un jugador del mismo equipo gane control de balón vivo en el interior del terreno.

Ejemplo: Quedan 5 segundos de la cuenta para el equipo A. A4 saca de banda y B5 toca el balón. El crono se pone en marcha entonces, pero la cuenta de 30 segundos no se reanudará hasta que un jugador A gane control de balón vivo.

Art. 58. Balón devuelto a Pista Trasera

Un jugador, cuyo equipo tiene control del balón en su pista delantera, no deberá pasar el balón a su pista trasera. El causante de que un balón vaya a la pista trasera es el último jugador del equipo con control del balón, que lo tocó antes de que fuera a la pista trasera. Esta restricción se aplica a todas las situaciones en las que un equipo se encuentra en pista delantera, incluyendo los saques de banda.

No se aplicará, sin embargo, a un saque de banda desde el punto central de la línea lateral de conformidad con lo que se establece en el Artículo 58 (Penalización), Artículo 70 (Penalización II), Artículo 71 (Penalización), Artículo 75 (Penalización) y Artículo 76 (Penalización).

El balón se encuentra en la pista trasera de un equipo cuando toca a un jugador de este equipo que tiene parte de su cuerpo en contacto con la línea central o con la pista detrás de la línea central, o es tocado por primera vez por un jugador del mismo equipo después de que el balón haya tocado la pista trasera.

Penalización:

El balón es concedido a un jugador oponente para que efectúe un saque, desde el punto medio de una línea lateral. Colocará un pie a cada lado de la prolongación de la línea de centro del terreno de juego y podrá pasar el balón a un jugador situado en cualquier lugar del terreno de juego.

REGLA SEPTIMA
Art. 57. Regla de los treinta segundos

Comentario:

Un jugador que se encuentra en su pista delantera y que consigue el control directamente de un salto entre dos, en el círculo central no puede pasar ni botar el balón a su pista trasera.

Excepción:

No se considera una violación cuando directamente, a continuación de un salto entre dos, un jugador saltando desde la pista delantera toma control del balón cuando está en el aire y vuelve a caer a continuación con uno o los dos pies en la pista trasera.

Explicación de la modificación

Art. 58. Excepción importante a la regla del campo atrás. En un *salto entre dos* en el círculo central, un jugador que gana control del balón *en el aire*, viniendo éste directamente del saltador, puede caer en zona trasera *sin cometer violación*, a excepción de lo que ocurra en juego.

Ejemplos: A5 salta en un salto entre dos en el círculo central y toca el balón en dirección a A7 situado en zona delantera. A7 salta y, en el aire, coge el balón cayendo con él en zona trasera. Juego legal.

B5, en zona trasera, pasa a B6. A5, situado en su zona delantera, salta y en el aire coge el balón, cayendo con él en su zona trasera. Violación de campo atrás.

REGLA SÉPTIMA
Art. 58. Balón devuelto a pista trasera

REGLA OCTAVA: INFRACCIONES Y PENALIZACIONES

Art. 59. Violaciones

Una Violación es una infracción de las Reglas que se penaliza con la pérdida del balón para el equipo que ha cometido la violación. (Excepción, ver Art. 30).

Explicación de la modificación

Art. 59. Nuevo redactado del texto, que gana en precisión.

Art. 60. Faltas

Una falta es una infracción de las Reglas que implica un contacto personal con un oponente o un comportamiento antideportivo, cargada contra el infractor y, en consecuencia, penalizada de acuerdo con lo previsto en el Artículo correspondiente de estas Reglas.

Art. 61. Cómo se reanuda el partido después de una violación o de una falta

Después de que el balón ha quedado muerto a consecuencia de una infracción de las Reglas, el partido se reanuda:

a) Mediante un saque de lateral o fondo.

b) Mediante un salto entre dos en uno de los círculos.

c) Mediante uno o más tiros libres, o

d) Mediante uno o más tiros libres seguido por un saque de lateral a la altura de la línea central, en la banda opuesta a la de la Mesa de Anotadores.

Art. 62. Procedimiento a seguir cuando se comete una violación

Cuando se comete una violación, el árbitro debe hacer uso del silbato y simultáneamente hacer la señal (No. 5) para detener el cronómetro lo que hace que el balón quede muerto.

Se concede el balón a un adversario para un saque desde la banda lateral en el punto más próximo al lugar en que ocurrió la violación. Si el balón entra en el cesto durante el balón muerto que sigue a tal violación, no se anotará ningún punto.

Art. 63. Procedimiento a seguir cuando se comete una falta

Cuando se comete una falta personal, el árbitro debe hacer uso de su silbato y simultáneamente hacer la señal (No. 19) para detener el cronómetro. A instancia del árbitro el jugador infractor debe levantar la mano al aire para admitir la falta. Entonces, se desplazará para establecer un contacto visual con el Anotador para señalarle el número del jugador que ha cometido la falta, la naturaleza de la misma y la penalización que habrá de seguir. Cuando el anotador haya captado lo anterior, haya inscrito la falta en el Acta y la tablilla sea levantada, los árbitros deberán a continuación permutar sus puestos.

Uno de los árbitros reanudará el juego entregando el balón al jugador que deba efectuar el saque desde la línea lateral, la línea de fondo o ejecutar el tiro o tiros libres desde la línea de tiros libres.

Excepción:

Ver Art. 77.

Si se trata de un hecho flagrante, los árbitros deberán descalificar al jugador que ha cometido la falta (señal No. 32) y expulsarle de las inmediaciones del terreno de juego.

Cuando se cometa una falta técnica el árbitro hará sonar su silbato y simultáneamente hacer la señal (No. 30) para detener el cronómetro.

Explicación de la modificación

Art. 63. El jugador que ha cometido una falta *sólo deberá levantar el brazo* si es requerido a hacerlo por el árbitro. El árbitro sólo obligará al jugador a levantar el brazo, cuando se muestre disconforme con la decisión arbitral.

El jugador descalificado no podrá sentarse en el banquillo ni en las inmediaciones del terreno de juego.

Art. 64. Puesta en juego fuera de la pista desde la línea lateral

El jugador que ha de lanzar el balón desde fuera de banda se situará fuera de la banda en la línea lateral, en el lugar más cercano a aquel por donde salió el balón del terreno de juego o donde la violación o la falta fue cometida. Efectuará el saque dentro de los cinco segundos siguientes a partir del instante en que se puso el balón a su disposición, lanzándolo, botándolo o haciéndolo rodar hacia otro jugador dentro del terreno de juego. Mientras se está pasando el balón al terreno de juego ningún otro jugador podrá tener una parte de su cuerpo sobre la línea limítrofe.

Siempre que se conceda el balón a un equipo para un saque de banda desde la línea lateral, un árbitro deberá entregar directamente el balón al jugador o pondrá el balón a su disposición. El jugador efectuará la puesta en juego desde el lugar señalado por el árbitro.

REGLA OCTAVA
Art. 64. Puesta en juego fuera de la pista desde la línea lateral

Comentario:

Cuando el margen libre de obstáculos, de la línea de demarcación sea menor de dos metros, ningún jugador de cualquier equipo se encontrará a menos de un metro del jugador que va a efectuar el saque.

Explicación de la modificación

Art. 64. *El árbitro entregará el balón al jugador en todas las situaciones de fuera de banda.* La medida se adopta para clarificar la dirección del juego, no para demorarlo o dar tiempo al equipo adversario para organizar su defensa.

Art. 65. Violación en la jugada de fuera de banda

Un jugador no violará las normas que regulan los saques desde fuera de banda. Estas normas son:

a) Prohíben que el jugador que ha recibido el balón o que le ha sido puesto a su disposición para un saque de banda, lo toque, dentro del terreno de juego, antes de que haya sido tocado por otro jugador, o pisar el terreno de juego antes de haber lanzado el balón o emplear más de cinco segundos antes de lanzar el balón, botarlo o hacerlo rodar hacia otro jugador dentro de la pista.

b) Prohíben que el jugador que ha recibido el balón o que le ha sido puesto a su disposición para un saque de banda dé más de un paso normal a lo largo de la línea lateral a partir del lugar designado por el árbitro, antes de lanzar el balón para la puesta en juego.

c) Prohíben que cualquier otro jugador tenga cualquier parte de su cuerpo sobre las líneas limítrofes antes de haber sido lanzado el balón a través de estas líneas, o

d) Prohíben que el balón toque el exterior del terreno de juego antes de tocar a un jugador que se encuentre dentro de la pista de juego después que el balón haya sido lanzado en una puesta en juego.

Una infracción a estas reglas, constituye una violación.

Penalización:

El balón se concederá a un adversario para un saque desde la banda lateral en el punto más próximo al lugar de la puesta en juego original.

Explicación de la modificación

Art. 65. Dos especificaciones importantes referidas al saque de banda:

– El jugador que efectúe el saque puede efectuar un paso normal a su izquierda o a su derecha para pasar el balón. Dar más de un paso, constituye una violación.

– El balón que en un saque de fuera de banda no es tocado por ningún otro jugador, es considerado como violación y el balón se entregará al equipo adversario para un saque desde el mismo lugar, donde se efectuó el anterior.

Art. 66. Tiros libres

Un tiro libre es un privilegio que se concede a un jugador para que marque un punto desde una posición inmediatamente detrás de la línea de tiros libres.

Cuando se señale una falta personal y se concedan tiros libres, el jugador objeto de la falta será designado por el árbitro para efectuar el o los tiros libres.

El jugador que debe efectuar el tiro libre tiene 5 segundos

para hacerlo a partir del instante en que el balón ha sido puesto a su disposición por uno de los árbitros.

El lanzador ocupará una posición inmediatamente detrás de la línea de tiro libre y podrá utilizar cualquier método para tirar a canasta, pero no tocará la línea de tiro libre ni el terreno de juego más allá de dicha línea hasta que el balón haya tocado el aro. Si el lanzador hace deliberadamente una finta de tirar comete una violación.

Si un jugador, por error, ejecuta un tiro libre en su propio cesto, el tiro libre será anulado, se haya o no convertido, y un nuevo intento se concederá en la canasta correcta. (Ver Art. 68).

En el caso que el o los tiros libres fueran lanzados por otro jugador distinto al que han hecho la falta, los lanzamientos serán anulados, se hayan o no convertido y el jugador que corresponda intentará el tiro o los tiros libres. (Ver Art. 68).

Si el jugador designado debe abandonar el terreno de juego debido a lesión, su sustituto deberá ejecutar los tiros libres concedidos. Si no hay ningún sustituto disponible, los tiros libres podrán ser intentados por el capitán o por cualquier jugador que éste designe. Si el jugador objeto de la falta ha de salir del terreno debido a una sustitución, ejecutará los tiros libres antes de abandonarlo. (Véase el Art. 43).

Cuando se señale una falta técnica, los tiros libres podrán ser intentados por cualquier jugador del equipo adversario.

Los jugadores no podrán hacer movimientos conducentes a desconcertar al lanzador del tiro libre. Ninguno de los árbitros deberá colocarse en el área restringida o detrás de los tableros.

Cuando un jugador está intentando un tiro libre, los otros

jugadores tienen derecho a tomar las siguientes posiciones:

a) En uno de los seis lugares reservados a lo largo de ambos lados del área restringida siempre que no penetren en el área restringida o en la zona neutral antes que el balón haya abandonado la mano del lanzador. Los jugadores que ocupen los espacios reservados deben alternar sus posiciones, sólo el equipo que defiende tiene el privilegio de ocupar los primeros emplazamientos de cada lado del área restringida. Se considera como si estos emplazamientos tuvieran un metro de profundidad y no podrán ser ocupados más que por los jugadores del equipo que tengan derecho a ello, de otra forma permanecerán desocupados.

b) En cualquier lugar dentro del terreno de juego a excepción de los espacios a lo largo del pasillo de tiros libres y el primer emplazamiento que se encuentra entre la línea de fondo y el primer sitio reservado y de forma que no puedan molestar al lanzador. Podrán entrar en el área restringida o en la zona neutral, solamente cuando el balón haya tocado el aro a continuación del lanzamiento.

Durante los tiros libres que deben ser seguidos de una puesta en juego desde la línea lateral a la altura de la mitad del terreno, los jugadores no están autorizados a ocupar los espacios reservados y deben colocarse detrás de la línea de tiros libres y su prolongación y no en los pasillos de tiro libre.

En cualquiera de las otras situaciones después del último tiro libre el juego se reanuda como sigue:

a) Por una puesta en juego por un oponente desde detrás de la línea de fondo si el tiro libre es convertido.

b) El juego continúa si el tiro libre no ha sido convertido y no ha habido ninguna violación.

REGLA OCTAVA
Art. 66. Tiros libres

c) De conformidad con lo dispuesto en el Art. 67 en caso de violación de las disposiciones relativas al tiro libre.

Explicación de la modificación

Art. 66. El nuevo redactado incluye los siguientes elementos:

— El lanzador no puede entrar en la zona del terreno más allá de la línea de tiros libres *hasta que el balón toque el aro*. Violación.

— El lanzador *no efectuará una finta* en la ejecución del tiro libre. Violación.

— Si los tiros libres se lanzan en el cesto no correspondiente, o los tiros son lanzados por el jugador no apropiado se corregirá la situación de acuerdo con el Art. 68.

— Si un jugador lesionado no puede ejecutar los tiros libres, estos se lanzarán por su sustituto y, de no haberlo, por el jugador que indique el capitán.

— Los árbitros nunca se situarán ni en el área restringida ni detrás de los tableros.

— Las posiciones a ocupar por los jugadores en un tiro(s) libre(s) seguidos de rebote es la siguiente:

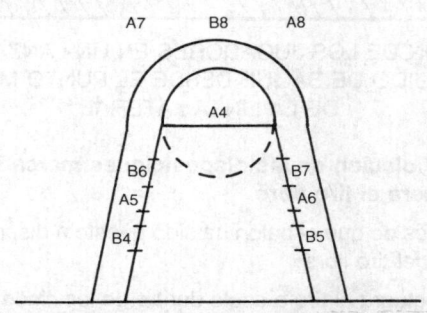

POSICION DE LOS JUGADORES EN UN LANZAMIENTO DE TIROS LIBRES CON REBOTE

Las plazas no ocupadas quedarán vacías.

— Las posiciones a ocupar por los jugadores en un lanzamiento de tiro(s) libre(s) seguido(s) de posesión de balón en el punto central de la línea lateral opuesta a la mesa es la siguiente:

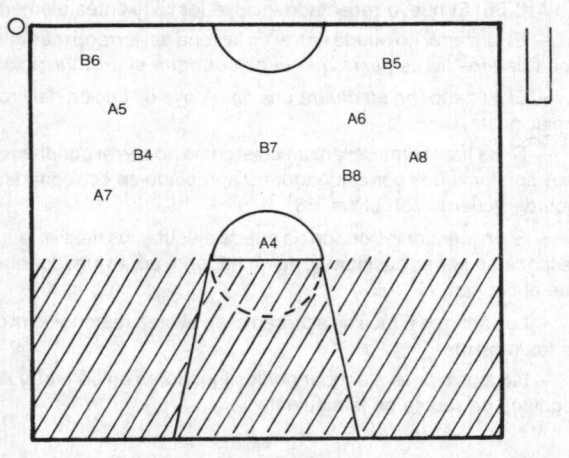

POSICION DE LOS JUGADORES EN UN LANZAMIENTO SEGUIDO DE SAQUE DESDE EL PUNTO MEDIO DE LA LINEA LATERAL

Art. 67. Violación de las disposiciones marcadas para el tiro libre

Después de que el balón ha sido puesto a disposición del lanzador del tiro libre:

a) Efectuará el tiro a cesto dentro de los cinco segundos siguientes, de tal forma que el balón se introduzca en el cesto o toque el aro antes de ser tocado por un jugador.

b) I. Ni él ni ningún otro jugador tocarán el balón mientras el balón está en camino hacia el cesto ni tocar el balón, el cesto o el tablero mientras el balón está en contacto con el aro en un tiro libre.

El adversario no deberá tocar el balón o el cesto mientras que el balón está en el interior del cesto.

II. Después de un tiro libre que deba ser seguido de otro u otros tiros libres, la restricción concerniente al hecho de tocar el balón es aplicable mientras que éste tenga la posibilidad de entrar en el cesto.

III. Durante el primer lanzamiento del "uno más uno" o el segundo o el único tiro libre ni él ni ningún otro jugador pueden tocar el balón hasta que haya tocado y rebotado en el aro.

c) I. No tocará el suelo sobre o a través de la línea de tiro libre hasta que el balón haya tocado el aro ni fintar deliberadamente el lanzamiento en el tiro libre.

II. Ningún jugador de ambos equipos alineados a lo largo del pasillo de tiros libres puede penetrar en la zona restringida hasta que el balón haya abandonado la mano del lanzador del tiro libre.

III. Ninguno de los restantes jugadores de ambos equipos puede penetrar en la zona restringida hasta que el balón haya tocado el aro o sea evidente que no lo tocará, después de un tiro libre.

IV. Ningún oponente puede desconcertar al lanzador del tiro libre.

Comentario:

Durante el primer lanzamiento de un "uno más uno" o durante el último o único tiro libre, el valor del cesto varía después que el balón haya tocado el aro rebotando y tocado legalmente por un jugador defensivo u ofensivo.

Penalización:

1) Si la violación es cometida únicamente por el lanzador del tiro libre, no se concederá ningún punto. El balón queda muerto en el momento en que se produce la violación. El balón se concede para un saque de banda, desde la línea lateral a la altura de la línea de tiros libres, al equipo adversario, salvo a continuación de una falta técnica del Entrenador, Ayudante de entrenador, sustituto o seguidor de equipo o a continuación de una falta intencionada, o descalificante, cometida por un jugador; en este caso, la puesta en juego se hace desde la línea lateral a la altura de la línea central por el equipo del jugador que ha lanzado los tiros libres, en la banda opuesta a la de la mesa de anotadores.

2) Si la violación señalada anteriormente bajo el apartado (b) es cometida por un compañero de equipo del lanzador del tiro libre, no se concederá ningún punto y la violación será penalizada según se indica anteriormente. Si la violación (b) es cometida por ambos equipos, no será anotado ningún punto y el partido será reanudado mediante un salto entre dos en la línea de tiro libre.

Si la violación (bI) o (bII) es cometida por los oponentes del lanzador del tiro libre, el lanzamiento será considerado válido y se concederá un punto.

Si la violación (bIII) es cometida por los oponentes del lanzador del tiro libre, el lanzamiento será considerado válido, se concederá un punto y se penalizará con una falta técnica al jugador que ha cometido la violación.

3) Si la violación que se señala en el apartado (c) es cometida por compañeros de equipo del lanzador del tiro libre y el tiro es convertido, se anotará un punto y se ignorará la violación.

Si el tiro libre no es convertido, si el balón no toca el aro, sale fuera del terreno de juego, o cae dentro del terreno de juego, la violación se penalizará concediendo el balón a los oponentes para un lanzamiento desde fuera de banda en la línea lateral a la altura de la línea de tiros libres.

4) Si la violación señalada en (c) es cometida únicamente por los oponentes del lanzador del tiro libre y el cesto es convertido, se anotará el punto y se ignorará la violación. Si el tiro libre no es convertido se lanzará otro tiro libre, por el mismo lanzador del tiro libre.

5) Si la violación (c) es cometida por ambos equipos y el tiro libre es convertido, se anotará el punto y se ignorará la violación. Si el tiro libre no es convertido, se reanudará el partido mediante un salto entre dos en la línea de tiro libre. Si se concediera más de un tiro libre, las disposiciones de saque de banda y salto entre dos se aplicarán, únicamente, a las violaciones cometidas en el último tiro libre.

Explicación de la modificación

Art. 67. Atención a las nuevas violaciones durante el lanzamiento del tiro libre:

– En el primer tiro libre de un 1 + 1 o en el último tiro o único tiro libre, ni atacante ni defensor tocarán el balón, hasta que toque el aro y rebote en él. Si lo toca el atacante: violación y saque lateral para el equipo contrario. Si lo toca el defensor: *anotará el punto y se señalará una falta técnica al infractor*.

– El lanzador deberá ejecutar el tiro en un máximo de 5 segundos. No podrá hacer una finta antes del lanzamiento. No podrá pisar el terreno sobre la línea de tiros libres o más allá de ella, antes de que el balón toque el aro. El balón deberá entrar en el cesto o tocar el aro. Las infracciones de estos principios constituyen una violación: si el cesto es anotado no cuenta y si se trata del último tiro libre seguido de rebote, el equipo contrario reanudará el juego con un saque lateral a la altura de la línea de tiros libres.

– Los jugadores alineados en los pasillos no entrarán en la zona restringida hasta que *el balón haya dejado las manos del lanzador*.

Los jugadores no alineados no entrarán en la zona restringida hasta que *el balón toque el aro*.

Violación:

– Si el tiro es logrado, se ignoran las violaciones.

– Se repetirá el tiro si el cesto no es logrado, si la violación es cometida por el defensor.

– Si la violación es cometida por el atacante:

- Se ignora en un tiro no seguido de rebote.
- Balón para un saque lateral del equipo adversario en un tiro seguido de rebote.

– En el último tiro libre seguido de rebote o en el primero de 1 + 1, los jugadores *no podrán tocar* el balón, el aro o el tablero mientras *el balón esté en contacto con el aro*. Si lo toca el defensor, la canasta cuenta un punto y falta técnica. Si lo toca el atacante, violación y saque lateral del equipo contrario.

– Una vez el balón *deja de estar en contacto con el aro* puede ser jugado legalmente, por atacante y defensor. El tiro *cambia entonces su estatuto* y si, tras ser tocado por atacante o defensor, entra en el cesto, se anotará *dos puntos*.

Art. 68. Error rectificable

Los árbitros pueden corregir un error si, inadvertidamente, una regla ha sido mal interpretada y sólo en las siguientes situaciones:

a) No conceder un tiro o tiros libres merecidos.

b) Conceder un tiro o tiros libres inmerecidos.

c) Permitir a un jugador que no le corresponde, lanzar un tiro o tiros libres.

d) Lanzar un tiro o tiros libres en el cesto que no corresponde.

e) Conceder o anular puntos por equivocación.

Para ser rectificables, los errores enunciados en a), b), c), d) y e) deben ser descubiertos por un árbitro antes que el balón vuelva a estar vivo después del primer balón muerto que siga a la puesta en marcha del cronómetro efectuada después del error.

Si el error consiste en un tiro libre lanzado por un jugador que no le corresponde o un tiro libre inmerecido, el tiro libre y todo lo que le acompaña debe ser anulado, salvo que se trate de conducta antideportiva o de falta descalificante, intencionada o técnica. Sin embargo, el resto de los puntos marcados, el tiempo transcurrido y cualquier otra sanción que pudiera producirse antes de descubierto el error no serán anulados. Los errores concernientes a los tiros libres intentados por un jugador que no le corresponde o en el cesto incorrecto deberán ser corregidos de conformidad con el Art. 66.

Después de la corrección de un error el juego se reemprenderá en el punto en que se ha interrumpido para rectificar el error. El balón será concedido al mismo equipo que lo tenía cuando se descubrió el error.

Un árbitro podrá parar el juego inmediatamente en cuanto descubra un error rectificable siempre que esto no ponga, a uno de los equipos, en situaciones de desventaja.

Los demás errores o equivocaciones serán tratados de acuerdo con la regla apropiada o por el procedimiento de protesta.

Explicación de la modificación

Art. 68. Artículo nuevo de especial relevancia.

Se podrán corregir los errores arbitrales en los cinco casos siguientes:

1. Olvidar la ejecución de un tiro(s) libre(s).

2. Conceder un tiro(s) libre(s) no merecido.

3. Permitir el lanzamiento del tiro(s) libre(s) al jugador no correspondiente.

4. Lanzar el tiro(s) libre(s) en el cesto equivocado.

5. Errar en la anotación del tanteo.

El error sólo podrá ser corregido en el *balón muerto* que sigue al *balón vivo* tras poner *el crono en marcha* después del error. Una vez el balón *esté en juego* de nuevo, el árbitro no podrá proceder a la corrección.

Hay que retener el cuadro siguiente:

```
          ┌                                      ┐
          │ BALON     CRONO       BALON          │
ERROR  -  │ VIVO  - EN MARCHA  - MUERTO          │  - BALON EN JUEGO
          └                                      ┘
                    ERROR CORREGIBLE
```

En los supuestos 2, 3 y 4 se cancelarán los puntos anotados y la actividad complementaria, excepto si se trata de una acción anti-deportiva. No obstante, los puntos anotados hasta la detección del error no serán cancelados.

El árbitro sólo detendrá el juego para corregir un error si con ello no pone en desventaja a un equipo. En caso contrario, esperará a que el balón esté muerto.

El cambiar de manera reiterada o deliberada el lanzador de los tiros libres podrá ser considerado como conducta anti-deportiva y sancionado con falta técnica de jugador.

El juego se reanudará en el lugar y manera en que quedó al producirse el balón muerto.

Ejemplos:

1. A5 ejecuta los tiros libres de A7, el juego se reanuda y A8 anota 3 puntos. El anotador alerta al árbitro mientras el balón esté muerto. El árbitro cancela los tiros de A5 y los hace lanzar a A7 y concede los 3 puntos de A8. El juego se reanuda con un saque tras la línea de fondo del equipo B.

2. A5 lanza el primer tiro libre en su propio cesto. El árbitro señala entonces una falta a B5. El árbitro se percata entonces del error y decide anular el tiro, repetirlo en el cesto correcto y no tener en cuenta la falta personal de B5.

3. A5 debe ejecutar un 1 + 1. El árbitro no se percata de la situación y el balón se pone en juego desde el lateral. El entrenador A protesta y es sancionado con falta técnica. Se descubre entonces el error. A5 ejecutará el 1 + 1 y a continuación se sancionará la falta técnica, 2 tiros libres y posesión de balón para el equipo B.

4. A5 lanza dos tiros libres en cesto equivocado, se reanuda el juego y el equipo B encesta. Cuando A7 tiene el balón para el saque de fondo, se descubre el error. Error no corregible, pues el balón está en juego, tras haber estado muerto después de un tiempo de juego.

REGLA NOVENA: REGLAS DE CONDUCTA

A. RELACIONES

Art. 69. Definición

Para un normal desarrollo del juego se precisa una completa y leal colaboración entre los miembros de ambos equipos, incluyendo a los entrenadores y sustitutos, con los árbitros y sus ayudantes.

Ambos equipos tienen derecho a esforzarse al máximo para lograr la victoria, pero esto ha de hacerse dentro de un espíritu de deportividad y juego limpio.

El infringir deliberada y repetidamente esta colaboración o este espíritu de deportividad deberá considerarse como falta técnica, y se penalizará según se dispone en los siguientes artículos de estas Reglas.

REGLA NOVENA
Arts. 70 y 71. Faltas técnicas cometidas por jugadores y por entrenadores

Comentarios:

Durante un partido pueden darse hechos de naturaleza violenta, contrarios al espíritu deportivo y al juego limpio. Estos hechos deberán ser atajados inmediatamente a la primera señal alarmante, en principio por los Arbitros y si fuera necesario por las fuerzas responsables de mantener el orden público.

El terreno de juego y las áreas adyacentes al fuera de banda, incluida la Mesa de Anotadores, los bancos de los jugadores y las áreas inmediatamente detrás de las líneas de fondo, entran de lleno y exclusivamente, bajo la jurisdicción de los Arbitros, que son el Arbitro principal y el Arbitro auxiliar. Siempre que los actos de violencia ocurran entre jugadores, sustitutos, Entrenadores y seguidores de equipos (estos últimos sentados en el banco de los equipos), los Arbitros harán lo necesario para sofocarlos. Las fuerzas de orden público pueden entrar en el terreno de juego solamente si son requeridas para ello por los Arbitros.

Cuando los espectadores penetren en el terreno de juego con la obvia intención de cometer actos de violencia, las fuerzas de orden público deberán intervenir inmediatamente para proteger a los jugadores y a los Arbitros.

Otros lugares, incluidos los caminos de acceso a los vestuarios, caen bajo la jurisdicción de los organizadores y de las fuerzas responsables de mantener el orden público.

En el baloncesto, los contactos personales podrían ser considerados como una forma de violencia, limitados y controlados por unas reglas muy estrictas con relevantes penalizaciones aplicadas imparcialmente en el terreno de juego por los Arbitros.

Los dos árbitros, cambiando continuamente su posición en el campo, pueden realizar un arbitraje más uniforme y objetivo.

Durante el juego, los Arbitros deben pitar todas las infracciones de las Reglas, violaciones y faltas, y administrar las correspondientes penalizaciones. En estrecha colaboración con la Mesa de Anotadores deben asegurar la correcta y eficiente administración del partido.

Las decisiones de los árbitros son terminantes y no pueden ser discutidas ni desatendidas. Los Arbitros deben tener autoridad. Deberán tener también tacto; una amigable sonrisa también puede ser beneficiosa; pero alguna sonrisa en otro momento puede ser considerada como una provocación. Un árbitro no deberá tocar nunca a un jugador, a menos que sea para ayudarle a levantarse del suelo.

Generalmente, los actos de violencia entre oponentes son consecuencia de una escalada de brusquedad de los contactos personales. Puede comenzar con un mero contacto ocasional o toque con las manos, seguidos por un agarrón o empujón de forma intencionada, con el uso ilegal de codos, hombros, caderas o rodillas que culminan con un rudo agarrón o empujón o también con puñetazos.

Todos estos contactos son ilegales y deberán ser inmediatamente pitados y penalizados por los Arbitros. Sin embargo, el comienzo de los contactos personales requiere una penalización que no siempre es fácil de determinar. Los Arbitros avisarán a los jugadores culpables de hacer contacto con un oponente que puede pitársele una falta personal si persiste en su comportamiento.

Los jugadores que son culpables de actos flagrantes de

agresión contra los oponentes deberán ser descalificados inmediatamente por el resto del partido, y los Árbitros enviarán un informe del incidente al organismo responsable de la Competición.

Explicación de la modificación

Art. 69. Nuevo redactado del artículo, recogiendo de manera más sistematizada los principios fundamentales sobre las reglas de conducta:

– Los árbitros deben abortar el primer conato de violencia.

– El terreno de juego, la zona de la mesa y las zonas de los bancos son de la exclusiva competencia de los árbitros.

– Las zonas de acceso y de vestuarios son de la competencia de las fuerzas de orden público.

– Los árbitros deben tener autoridad... pero también tacto.

– Los árbitros nunca tocarán a un jugador, salvo, para ayudarle a levantarse del suelo si se ha caído.

– Los actos de violencia son fruto de una escalada, corte el primer incidente.

Art. 70. Faltas técnicas cometidas por jugadores

Un jugador no deberá hacer caso omiso de las llamadas al orden de los Arbitros, ni hará uso de tácticas antideportivas, tales como:

a) Dirigirse o hablar a un Arbitro irrespetuosamente.

b) Proferir palabras o hacer gestos soeces.

c) Emplear añagazas con el contrincante u obstruir su visibilidad agitando las manos cerca de sus ojos.

d) Retrasar el juego evitando que el saque sea efectuado con prontitud.

e) No levantar su mano en forma adecuada cuando se le señala una falta. (Véase el Art. 63).

f) Cambiar su número de jugador sin notificarlo al Anotador y al Arbitro principal.

g) Entrar en el terreno de juego como sustituto sin haberse presentado al Anotador.

h) Abandonar el terreno de juego para obtener una ventaja injusta.

i) Agarrarse al aro de forma que el peso del jugador lo soporte el aro. No obstante un jugador puede colgarse del aro si haciendo esto, y a juicio del árbitro, trata de evitar una lesión a sí mismo o a otro jugador.

Las infracciones de tipo técnico que son claramente no intencionadas y que no afectan al juego, o que son de carácter administrativo, no se consideran como faltas técnicas, a no ser que se produjera una repetición de la misma infracción después de haber mediado un aviso de los árbitros al jugador infractor y a su Capitán.

Las infracciones de tipo técnico cometidas deliberadamente o que son antideportivas, o que dan al infractor una injusta ventaja, deberán ser penalizadas inmediatamente con una falta técnica.

Penalización:

I. Se señalará e inscribirá una falta por cada infracción a la cuenta del jugador que la ha cometido y se concederá al equipo oponente dos tiros libres que serán lanzados por el jugador que designe el capitán.

II. Si un jugador incurriera en flagrante o persistente infracción de las normas de este Artículo, deberá ser descalificado y expulsado del partido y se le aplicará la misma sanción que la especificada en el Art. 76.

Si se descubriera una falta, después de estar el balón en juego, posteriormente a la falta, se administrará la penalización lo mismo que si la falta hubiera ocurrido en el momento de ser descubierta. Todo lo que hubiera ocurrido en el intervalo, entre la falta y su descubrimiento, será válido.

Comentario:

Todas las faltas cometidas por los jugadores, que impliquen contactos con un adversario son faltas personales, aunque sean cometidas durante un balón muerto o estando detenido el reloj del partido. Por el contrario, todas las faltas cometidas por los sustitutos y todas aquellas cometidas por los jugadores que no impliquen contacto con un adversario, son faltas técnicas.

Los Arbitros pueden evitar las faltas técnicas avisando a los jugadores que estén a punto de cometer alguna infracción menor, tales como salir inadvertidamente del terreno de juego durante un tiempo muerto o dejar de presentar al Anotador o a un Arbitro al entrar a sustituir a otro jugador. Obrará acertadamente el Arbitro que prevenga y a veces, haga caso omiso de ciertas infracciones técnicas menores que, evidentemente, se cometieron sin intención y que no repercuten en el juego. Por el contrario, las faltas técnicas deliberadas o antideportivas, o que proporcionan una injusta ventaja al infractor, deben ser inmediatamente penalizadas.

REGLA NOVENA
Art. 71. Faltas técnicas de entrenadores o sustitutos o seguidores de equipo (Penalización)

Explicación de la modificación

Art. 70. Dos añadidos:

– El viejo artículo 13: un jugador que abandone el terreno para obtener una ventaja será sancionado con falta técnica.

– Colgarse en exceso del aro será falta técnica, salvo que el árbitro interprete que con la acción el jugador trata de prevenir una lesión.

La penalización más precisa:

– Dos tiros libres por falta técnica.

– Falta descalificante si la acción anti-deportiva es flagrante o persistente.

Un recordatorio:

– La prevención ahorra muchas técnicas.

Art. 71. Faltas técnicas de Entrenadores o sustitutos o seguidores de equipo

El Entrenador, Ayudante de Entrenador, sustituto o seguidores de equipo deben permanecer en el interior de su zona del banquillo de equipo a excepción de los siguientes casos:

a) Un entrenador, ayudante de entrenador o un acompañante podrán entrar en el terreno de juego para ofrecer cuidados a un jugador lesionado después de haber recibido permiso del árbitro.

b) Un sustituto puede pedir cambio a la mesa de anotación.

c) Un entrenador o ayudante de entrenador, puede solicitar un tiempo muerto.

d) Cuando el cronómetro esté parado, cortésmente y sin intervenir en el desarrollo normal del juego solicitar de la mesa de anotadores informaciones relativas al tanteo, tiempo, marcador o número de faltas.

El entrenador, el ayudante de entrenador, los sustitutos o acompañantes no podrán dirigirse en forma irrespetuosa a los árbitros (incluido el Comisario técnico, si lo hubiera), el anotador, el cronometrador y el operador de los 30 segundos y a los oponentes.

Un entrenador o ayudante de entrenador podrán dirigirse a sus jugadores durante el juego y durante un tiempo muerto con tal que permanezca en el interior de la zona del banquillo de equipo.

Una falta cometida por un jugador que ya ha cometido su quinta falta, será inscrita en la cuenta del entrenador y será penalizada en consecuencia.

Penalización:

Se señalará e inscribirá una falta al entrenador y se concederán dos tiros libres. El Capitán del equipo contrario designará al lanzador de los tiros libres. Durante los tiros libres los jugadores no se alinearán a lo largo de los pasillos de tiros libres. Después de los tiros libres, el balón será lanzado por cualquier jugador del mismo equipo al que pertenece el lanzador, desde fuera de banda en la línea lateral, a la altura del centro del terreno de juego, en la banda opuesta a la de la mesa de los anotadores, se hayan o no convertido los tiros libres. (Ver el Artículo 85) (Excepción, ver Art. 72 Comentarios).

El jugador que efectúa el saque, tendrá un pie a cada lado de la prolongación de la línea de centro del terreno de juego y podrá pasar el balón a un jugador situado en cualquier lugar del terreno de juego.

Si se produjera una flagrante infracción de este Artículo o cuando a un Entrenador se le han anotado tres faltas técnicas como resultado de una conducta antideportiva, cometida por el propio Entrenador, Ayudante de Entrenador, sustituto o seguidor de equipo, el Entrenador será descalificado y expulsado de las inmediaciones del terreno de juego, lo cual comprende el área del banquillo de equipo y los alrededores de la pista y no podrá de ninguna forma dirigirse a su equipo.

Será sustituido por el Ayudante del entrenador inscrito en el Acta o, si no lo hay, por el Capitán.

Las infracciones flagrantes a este artículo cometidas por el Ayudante del Entrenador, los sustitutos o los acompañantes del equipo darán lugar también a ser descalificados y expulsados de las proximidades del terreno de juego.

Explicación de la modificación

Art. 71. Nuevo redactado que recoge los deberes del entrenador en relación con la nueva zona, que no podrá abandonar salvo para:

– Entrar en el terreno para ayudar a un lesionado, si lo autoriza el árbitro.

– Acercarse a la mesa para pedir un tiempo muerto o una aclaración si lo hace de manera cortés y sin molestar la visión de los oficiales de mesa.

Art. 72. Falta técnica durante un intervalo de juego

Pueden señalarse faltas técnicas durante un intervalo de juego. Un intervalo de juego es el período precedente al comienzo del encuentro, el intervalo entre los dos medios tiempos y el intervalo que precede a cualquier prórroga.

Si la falta es señalada a un jugador o sustituto, le será

anotada la falta técnica al propio jugador y se concederán a sus oponentes dos tiros libres.

Si la falta es señalada contra el Entrenador, Ayudante de entrenador o acompañante se inscribirá en la cuenta del Entrenador y la sanción será de dos tiros libres.

Después que hayan sido intentados los dos tiros libres el juego comenzará o continuará por un salto entre dos en el círculo central (ver Art. 25 y Art. 85 b).

Si se pitara más de una falta técnica ver también el Art. 85.

No se considerará como un intervalo de juego un tiempo muerto concedido a un equipo.

Comentario:

Las acciones físicas de jugadores, entrenadores o seguidores de equipo que pueden conducir a que se dañe o deteriore el equipo de juego —agarrarse del aro o hundir violentamente en el cesto son meros ejemplos— no deberá ser permitido por los Arbitros. La posible lesión personal, demoras en el juego, la inconveniencia de un espectador, son aspectos a tener en consideración.

Cuando sea observada una conducta de esta naturaleza por los Arbitros, debe ser apercibido inmediatamente el Entrenador del equipo infractor, de que esta acción es antideportiva y que no será tolerada. Si se repitiese el hecho señalará inmediatamente una falta técnica (ver Artículo 71. Penalización). El juego se reanudará con un salto entre dos en el centro del terreno de juego, después de que los tiros libres hayan sido lanzados.

Explicación de la modificación

Art. 72. Una aclaración, los tiempos muertos no *constituyen un intervalo de juego* de manera que las faltas técnicas mencionadas en ese lapso de tiempo se sancionarán de acuerdo con la norma general.

B. CONTACTO PERSONAL

Art. 73. Contacto

Aunque teóricamente el baloncesto es un "juego sin contactos", es evidente que éstos no pueden evitarse por completo cuando diez jugadores se mueven con gran rapidez en un espacio limitado. Si el contacto personal resulta de un intento de buena fe para jugar el balón y los jugadores estaban en una posición tal que podían razonablemente pensar que iban a alcanzar el balón sin ocasionar contacto, y si tienen el cuidado debido para evitarlo, tal contacto puede ser calificado como accidental y no necesita ser penalizado, a menos que el jugador que ha recibido el contacto quede en una situación de desventaja (ver Art. 74).

Por otra parte, si un jugador está a punto de coger un balón y un oponente situado detrás de él salta, en un intento de apoderarse del balón, y le golpea la espalda, el oponente comete una falta aunque esté "jugando el balón". En estos casos, el jugador que se encuentra detrás es, generalmente, responsable del contacto, debido a su desfavorable posición en relación con el balón y su oponente.

Comentario:

Muchas decisiones en relación con el contacto personal han de ser el resultado de un juicio que debe ser ejercido, teniendo en cuenta los siguientes principios básicos:

a) Es deber de todo jugador el evitar el contacto de cualquier forma posible.

b) Todo jugador tiene derecho a una posición normal en el terreno de juego que no esté ocupada por un adversario, siempre que al tomar tal posición no ocasione contacto personal.

c) Si se produce una falta debido al contacto personal, la falta es causada por el jugador responsable del contacto.

Art. 74. Falta personal

Una falta personal es una falta de jugador que implica un contacto con un oponente, ya esté el balón en juego, vivo o muerto.

Un jugador no deberá bloquear, sujetar, empujar, cargar, zancadillear o impedir el avance de un jugador contrario extendiendo los brazos, hombros, caderas o rodilla, o doblando el cuerpo para adoptar cualquier otra posición distinta de la normal, ni podrá utilizar violaciones de ningún género.

Definiciones:

Bloqueo es el contacto personal que impide que un jugador contrario se desplace.

Cargar es un contacto personal que ocurre cuando un jugador, con o sin balón, se abre paso impetuosamente y produce un contacto contra el torso de un oponente.

Marcar por la espalda: Cuando un jugador está marcando a un oponente por la espalda y resulta un contacto personal, se produce una falta personal. Los árbitros deberán dedicar especial atención a este tipo de infracciones. El mero hecho de que el jugador defensivo esté intentando jugar el balón no justifica el que establezca contacto con el oponente que tiene el control del balón.

Tocar con las manos (tactar) es la acción de un jugador en posición de defensa en la cual utiliza la o las manos para establecer el contacto con un oponente con el fin de impedir su progresión o ayudarse para marcar mejor a su adversario. Esta clase de contacto es ilegal porque da una ventaja ilegítima al jugador defensor. (Ver comentarios).

Agarrar es un contacto personal con un jugador contrario mediante el cual se interfiere su libertad de movimientos.

Uso ilegal de las manos significa que un jugador no podrá tocar a un oponente con sus manos, a menos que tal contacto sea solamente en las manos de su oponente mientras se encuentran en contacto con el balón y se trata de un contacto incidental en un intento de jugar el balón.

Empujar es un contacto personal que ocurre cuando un jugador desplaza violentamente a un oponente o intenta desplazarle. El contacto causado con un jugador que tiene posesión de balón, por un oponente que se aproxima por su espalda, puede ser considerado una forma de empujar.

Pantalla es tratar de evitar que un oponente que no tiene control de balón alcance la posición deseada.

Un jugador que efectúa un regate no deberá cargar ni entrar en contacto con un oponente que se halle en su camino, ni tratará de efectuar un regate entre dos oponentes o entre un oponente y una línea de demarcación, a menos que exista una posibilidad razonable de pasar sin efectuar contacto. Si el jugador que efectúa el regate ha logrado adelantar la cabeza y los hombros con respecto a su oponente, sin haber ocasionado ningún contacto personal, la mayor responsabilidad en

REGLA NOVENA
Art. 74. Falta personal

caso de cualquier contacto que pudiera producirse a partir de este momento será causado por su oponente. Si el jugador que efectúa el regate avanza en línea recta, tiene derecho a tal camino, pero si un oponente logra establecer una posición defensiva legal en dicho camino, el jugador que avanza en regate debe evitar el contacto, cambiando de dirección o finalizando el regate (ver Comentarios).

El jugador que efectúa una pantalla tiene la mayor responsabilidad si se produce un contacto:

a) Si toma una posición ilegal tan próxima a un oponente o fuera de su campo visual que éste le carga o le empuja ejecutando movimientos normales.

b) Si se interpone tan rápidamente en el camino de un oponente en movimiento que éste no puede pararse o cambiar de dirección.

Penalización:

Se cargará una falta personal al infractor en todos los casos. Además:

1) Si la falta es cometida a un jugador que no está en acción de tirar a cesto, el partido se reanudará con un lanzamiento, por el equipo no infractor, desde la línea lateral en el lugar más cercano a aquel en que se cometió la falta.

En cuanto se señale la falta y la misma anotada, el árbitro entregará el balón al equipo adversario para que efectúe el saque desde la línea lateral (excepción ver los Arts. 31, 82 y 83).

2) Si la falta es cometida a un jugador que está en acción de tirar a cesto:

I) Si el cesto es convertido se dará por válido y, además, será concedido un tiro libre.

II) Si el tiro a cesto, para conseguir dos puntos, no es convertido, serán concedidos dos tiros libres.

III) Si el tiro a cesto, para conseguir tres puntos, no es convertido, serán concedidos tres tiros libres.

Después de que haya sido señalada una falta y anotada, el árbitro pondrá el balón a disposición del lanzador de los tiros libres para que intente el número de lanzamientos apropiados de acuerdo con lo señalado en I, II y III.

Comentario:

POSICION LEGAL DE DEFENSA

Un jugador defensivo ha adoptado una posición legal de defensa cuando se encuentra encarado con su oponente y tiene ambos pies en el suelo en una posición normal de piernas abiertas. La distancia entre sus pies es generalmente proporcional a su estatura y no debe adoptar una posición de piernas abiertas anormal.

Además, la posición legal de defensa se extiende verticalmente encima de él. Puede elevar sus brazos sobre su cabeza, pero a condición de que mantenga la posición vertical.

Una posición legal de defensa puede considerarse como un plano vertical de forma rectangular, uno de sus lados cortos sería la base apoyada sobre el suelo y limitada por los dos pies del jugador, los dos largos verticales partiendo de la localización de los pies y el otro lado corto en el aire, tan alto como pueda alcanzar cualquier jugador en el terreno de juego al saltar.

Pantalla - Pantalla ilegal

Se produce una pantalla cuando un jugador intenta evitar que un oponente que no tiene el control del balón alcance una posición deseada en el terreno de juego. La pantalla puede ser legal o ilegal.

Se produce una "pantalla legal" cuando el jugador que está intentando hacer una pantalla a un oponente, no está en movimiento, sino que se encuentra quieto y tiene ambos pies en contacto con el suelo.

Se produce una "pantalla ilegal" cuando el jugador que está intentando hacer una pantalla a un oponente, está en movimiento cuando ocurre el contacto con el jugador que está siendo objeto de la pantalla. Si ocurre así, el jugador que hace la pantalla es el culpable de un bloqueo y el bloqueo es una falta.

Si un jugador establece una pantalla legal estacionaria en el campo directo de visión (frontal o lateral) del jugador que está siendo objeto de la pantalla y éste está en movimiento y se produce un contacto, será responsable el jugador que está siendo objeto de la pantalla y debe ser sancionado con una falta.

Si un jugador hace una pantalla legal inmóvil en el campo visual directo (frontal o lateral) del oponente en movimiento y se produce un contacto, el responsable de tal contacto es el jugador sobre el que se ha hecho la pantalla y será penalizado con una falta.

Si la pantalla ha sido establecida fuera del campo de visión de un oponente estacionario, el jugador que hace la pantalla debe permitir a su oponente dar un paso normal hacia la pantalla sin producir contacto.

Cuando un jugador ocupa una posición de pantalla estacionaria, dentro del campo de visión de un oponente estacionario, puede establecer esta pantalla tan cerca de su oponente como desee, sin producir contacto. Si el oponente está en movimiento, el jugador que hace la pantalla debe dejar suficiente espacio para que el jugador que está siendo objeto de la pantalla pueda evitarla, deteniéndose o cambiando de dirección para poder rodearle.

Un jugador que está siendo objeto de la pantalla legal es responsable de cualquier contacto con el jugador que ha realizado la pantalla.

Bloqueo

El jugador que intenta hacer una pantalla, está bloqueando si se produce un contacto personal estando él en movimiento y su contrario estacionario o retirándose de él. Si ambos jugadores están en movimiento y se produce un contacto como resultado del intento de uno de ellos de hacer la pantalla, la responsabilidad puede ser de cualquiera de los jugadores o de ambos; pero en caso de duda, la mayor responsabilidad es del jugador que está intentando hacer la pantalla.

Si un jugador hace caso omiso del balón, se sitúa de cara a un contrario y cambia de posición a medida que su adversario cambia la suya, será el principal responsable de cualquier contacto que pueda ocurrir, a menos que concurran otras circunstancias.

La frase "a menos que concurran otras circunstancias", empleada anteriormente, se refiere a empujones deliberados, cargas o agarrones por parte del jugador a quien se está haciendo la pantalla. Este jugador debe hacer un esfuerzo razonable por evitar el contacto y cualquier acto deliberado por su parte que ocasione un contacto debe ser penalizado.

Es legal que uno o más jugadores corran a lo largo del terreno de juego junto a un compañero de equipo que se halla en posesión del balón con la intención aparente de evitar que los contrarios se acerquen al jugador que tiene el balón. No obstante, si se echan sobre un adversario que ha adoptado una posición legal en su camino y se produce una carga o bloqueo, la mayor responsabilidad, en cualquier caso de contacto en estas jugadas, será del equipo atacante.

Es legal que un jugador extienda su brazo o codo para adoptar una posición en el terreno de juego, pero deberá bajar el brazo o codo cuando un adversario intente pasar; en caso contrario se producirá, por lo general, un bloqueo o agarrón por parte de dicho jugador.

El principio de la verticalidad

Sobre el terreno de juego los jugadores tienen derecho al espacio inmediatamente encima de ellos. Este principio de la verticalidad protege el espacio aéreo encima del jugador, pero tan pronto como éste abandona su posición vertical y se produce un contacto personal, es responsable de él y debe ser sancionado con una falta.

Así, un jugador defensor no puede impedir que un jugador atacante salte verticalmente y tire a cesto, colocando sus brazos sobre el jugador atacante, si por el contrario entra en contacto con el jugador atacante que está con sus manos en contacto con el balón, el jugador defensor será el responsable.

Un jugador atacante puede avanzar driblando, inmediato a la línea de fondo, bajo la canasta de sus oponentes, y saltar oblicuamente con el fin de intentar un tiro a canasta. Si procediendo así vuelve a caer en un lugar no ocupado ya por un oponente y por lo tanto no se produce contacto personal, es una acción legal de juego. Pero si se produce contacto personal, será responsable el driblador.

Un jugador atacante que, mientras se encuentra en la acción de efectuar un tiro para marcar, se apoya en un oponente que le está marcando legalmente por detrás, de tal modo que pierde su posición vertical y ocasiona un contacto personal, comete una falta.

Defensa de un jugador que no tiene control del balón

Un jugador que no tiene control del balón puede moverse con entera libertad por el terreno de juego y ocupar cualquier posición que no está ya ocupada por otro jugador. Sin embargo, el citado jugador y cualquier oponente que le esté marcando, deberán tener en cuenta los elementos de tiempo y distancia. Esto quiere decir que los jugadores que no tienen control del balón, ya pertenezcan al equipo que está defendiendo o que está atacando, no pueden ocupar una posición demasiado cercana a un oponente, tanto si está estacionario como si se encuentra en movimiento (la distancia es directamente proporcional a la velocidad de su oponente, no menos de uno ni más de dos pasos) o demasiado rápidamente en el camino en que se mueve su oponente, de forma que éste no dispone de suficiente tiempo o distancia para pararse o cambiar de dirección.

Si un jugador hace caso omiso de los elementos de tiempo y distancia y al ocupar una posición se produce un contacto personal, será el responsable de este contacto y deberá ser penalizado con una falta.

Una vez que un jugador defensivo ha ocupado una posición legal defensiva, no puede estorbar a su oponente, impidiéndole el paso, extendiendo sus brazos, hombros, caderas o piernas en su camino. Puede, sin embargo, cambiar de lugar sus brazos o colocarlos delante de su cuerpo para evitar una lesión en caso de una carga.

Una vez que un jugador defensivo ha ocupado una posición legal de defensa, puede desplazarse o moverse lateralmente o hacia atrás, con el fin de continuar en el camino de su oponente.

No podrá moverse hacia adelante en dirección a su oponente. Si ocurre un contacto personal, él será el responsable. Debe respetar el elemento espacio, en este caso, la distancia entre su oponente y él.

Defensa de un jugador que tiene el control del balón

En la defensa al jugador que tiene el control del balón, los elementos de tiempo y distancia deben ser omitidos. El jugador con posesión del balón debe esperar ser defendido y estar preparado, por lo tanto, para detenerse o cambiar de dirección inmediatamente que un oponente ocupe una posición legal de defensa enfrente de él, incluso si esta posición fue ocupada en una fracción de segundo.

Por supuesto que el defensor debe ocupar esta posición sin causar un contacto personal previo a ocuparla, de otra forma se le señalará una falta personal.

Una vez que el jugador defensivo ha establecido una posición legal de defensa, no puede extender sus brazos, hombros, caderas o piernas para evitar u obstruir el paso del driblador.

Posición de los jugadores en relación con el balón

Cuando dos o más jugadores de ambos equipos tratan de alcanzar el balón y se produce contacto personal, el árbitro, al señalar la falta, debe tener en cuenta las posiciones relativas de los jugadores con relación al balón.

Si un jugador trata de llegar al balón, desde una posición lateral o por la espalda de un oponente que se encuentra en una posición más favorable para coger el balón y se produce un contacto personal, aquel jugador será el responsable y debe señalársele una falta. Esta situación ocurre muy frecuentemente cuando dos o más jugadores de ambos equipos tratan de coger un rebote. El jugador que se encuentra en una posición desfavorable (detrás de un oponente) puede verdaderamente intentar alcanzar el balón sin causar contacto con sus brazos o manos, pero generalmente produce contacto con su oponente con el pecho o caderas.

No debe olvidarse el hecho de que, en una situación de rebote, no está en posesión del balón ninguno de ambos jugadores y que el jugador que salta por la espalda debe, por consiguiente, dejar un cierto espacio entre su cuerpo y el de su oponente.

Si ambos jugadores se encuentran enfrente uno de otro y ambos se encuentran en una posición favorable para alcanzar el balón y se produce un contacto, debe ignorarse el mismo, a menos que uno de los jugadores utilice sus brazos, hombros, caderas o piernas para empujar al oponente fuera de su posición, en cuyo caso debe señalársele una falta. Si el contacto es particularmente violento y ambos jugadores son igualmente responsables, se señalará una falta doble.

El principio descrito anteriormente en una situación de re-

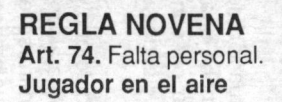

REGLA NOVENA
Art. 74. Falta personal.
Jugador en el aire

①

②

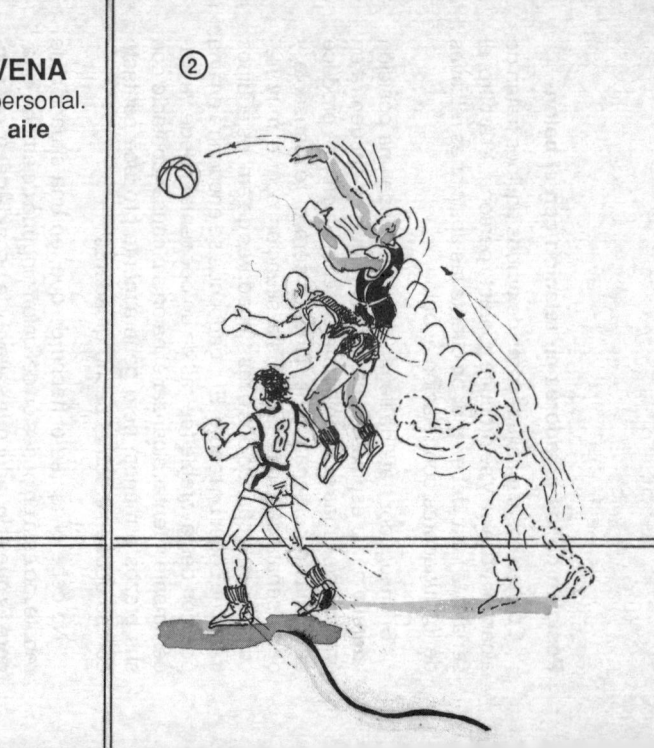

bote es, naturalmente, válido también para cualquier otro lugar del terreno de juego, siempre que dos o más oponentes traten de alcanzar un balón simultáneamente.

El jugador que ocupa una posición en primer lugar tiene derecho a pasar

Si un driblador está estrechamente marcado por un oponente y sin causar contacto personal rebasa a su marcador y tiene su cabeza y sus hombros más allá de él, produciéndose en este momento el contacto, el jugador defensor es generalmente el responsable y debe señalársele una falta.

No obstante, si el jugador atacante produce un contacto con su marcador con el pecho o los hombros, entonces la responsabilidad del contacto es del atacante y se le señalará una falta por cargar. Todo esto, naturalmente, suponiendo que el defensor ocupe una posición de marcaje legal y no avance hacia el driblador.

Jugador en el aire

Un jugador que ha saltado en el aire desde un punto del terreno de juego está autorizado a volver a caer en el mismo lugar sin ser obstaculizado por ningún oponente. También puede caer en otro lugar del terreno de juego, a condición de que el lugar al que caiga no esté ya ocupado por un oponente en el momento en que saltó y de que la trayectoria entre el salto y el lugar en que cae no estuviera ya ocupado por algún oponente.

Un jugador no puede moverse en la trayectoria de un oponente después de que el citado oponente ha saltado en el aire. Moverse hacia el lugar que ocupaba un jugador que está en el aire es siempre una falta intencionada y, en ciertos casos, puede llegar a ser una falta descalificante.

No obstante, si un jugador ha saltado y vuelto a caer, pero con su ímpetu origina un contacto con un oponente que está ocupando una posición legal de defensa, cercana al punto en el cual cayó el saltador, entonces este último es el responsable del contacto y se le debe señalar una falta.

Tocar a los oponentes con las manos

El hecho de tocar a un oponente con una o ambas manos, por sí mismo, no es una violación. No obstante, si el contacto restringe de alguna manera la libertad de movimientos de un oponente, este contacto es una falta.

Asimismo, un driblador no puede utilizar el antebrazo extendido o la mano para impedir que un oponente se acerque y para proteger el balón. Esta clase de situaciones pueden proporcionar una ventaja en contra del espíritu de las Reglas y no deben ser toleradas; de lo contrario se produciría un incremento de contactos entre oponentes.

Algunos jugadores tienen la tendencia de tocar a un oponente mientras están en movimiento en el terreno de juego. Esto se hace, generalmente, para identificar la posición del oponente. Cuando el oponente se encuentra en el campo de visión de un jugador no existe justificación para usar las manos y esta acción debe ser considerada como un contacto personal ilegal.

Jugada Poste (la jugada pivote-centro)

El principio de verticalidad también es de aplicación a la jugada poste. Ambos jugadores, tanto el que ocupa la posición del poste como el oponente que le está marcando, deben respetarse mutuamente el derecho a la verticalidad.

Al jugador que ocupa la posición de privote no deberá permitírsele desplazar al jugador oponente con el hombro o la cadera, ni interferir su libertad de movimiento extendiendo los codos o brazos. Por otra parte, al jugador defensivo no se le permitirá dificultar la libertad de movimiento del jugador que ocupa la posición de pivote, mediante el uso ilegal de los brazos, rodillas u otras partes del cuerpo.

Explicación de la modificación

Art. 74. Atención al uso ilegal de manos. Tocar a un jugador con las manos *no constituye en sí mismo una falta personal*, salvo que con ello se restrinjan sus movimientos o el jugador tocado se encuentre *en el campo visual* del infractor, en cuyo caso el tocar con las manos está prohibido. Como siempre los árbitros *extremarán las medidas de prevención*, antes de proceder a sancionar este tipo de contactos.

En las pantallas existen dos motivos para sancionar con falta al jugador que "pantallea":

— Situarse tan cerca del jugador defendido y *fuera de su campo de visión*, de manera que cuando el jugador hace *un movimiento normal* entra en contacto con el jugador que hace la pantalla.

— Cambiar de posición de manera rápida, de suerte que el jugador contrario no tiene tiempo *bien de pararse, bien de cambiar de dirección*.

Art. 75. Falta intencionada

Una falta intencionada es una falta personal que a juicio del Arbitro ha sido cometida deliberadamente por un jugador, en posesión o no del balón, contra un oponente. No está con-

REGLA NOVENA
Art. 75. Falta intencionada

siderada por la violencia del hecho, pero sí por un contacto que surge como voluntario o premeditado.

El jugador que comete faltas intencionadas repetidamente, podrá ser descalificado.

Penalización:

Se anotará una falta personal al infractor y, además, se concederán uno o varios tiros libres, seguido de la posesión del balón para la puesta en juego por el equipo contrario en la banda lateral opuesta a la de la mesa de anotadores.

El número de tiros libres concedidos debe ser como sigue:

I. Si la falta es cometida sobre un jugador que no está en acción de tirar a cesto: 2 tiros libres.

II. Si la falta es cometida sobre un jugador en acción de tirar a cesto: si éste es convertido es válido y además se concederá un tiro libre.

III. Si la falta es cometida sobre un jugador que está lanzando a cesto y éste no es convertido: se concederán 2 ó 3 tiros libres (ver Arts. 63 y 74. Penalización) según el lugar desde donde haya sido intentado el lanzamiento.

Durante el o los tiros libres los jugadores no se alinearán a lo largo de los pasillos de tiro libre. Después del tiro o de los tiros libres, el balón será puesto en juego por cualquier jugador del equipo del lanzador de los tiros libres desde la línea lateral a la altura de la línea central en la banda opuesta a la de la mesa de anotadores tanto si el tiro o los tiros libres se hayan convertido o no. (Ver Artículo 85).

El jugador que efectúa la puesta en juego debe tener un pie de una parte y el otro de la otra de la línea central prolongada y puede pasar el balón a un jugador situado en cualquier parte del terreno de juego.

Comentario:

Los árbitros deben pitar las faltas intencionadas de conformidad con el espíritu y la intención de las Reglas, particularmente hacia el final del encuentro cuando las faltas intencionadas se cometan para obtener una ventaja táctica.

Si estas faltas no son tenidas en cuenta y sancionadas, el equipo que comete una falta intencionada puede obtener una ventaja desleal. Además, el control por parte de los árbitros podría verse debilitado.

Si, según la opinión de un árbitro, cualquiera de los criterios siguientes es de aplicación, entonces la falta debe ser pitada como intencionada:

Las faltas cometidas:

I. Para parar el cronómetro de juego, particularmente, hacia el final del encuentro.

II. Contra un oponente que tiene el camino libre hacia el cesto con el fin de impedirle marcar.

III. Contra un adversario que tiene posesión del balón y que no hace un intento legítimo de jugar directamente el balón.

IV. Cuando el cronómetro de juego está parado como en el caso de una puesta en juego o de un salto entre dos.

V. Por un jugador que se coloca peligrosamente bajo un contrario que está en el aire.

VI. Por un jugador que da codazos.

Art. 76. Falta descalificante

VII. Por un jugador que retiene o que empuja a un oponente que se encuentra lejos del balón.

Para aplicar los criterios señalados más arriba la falta personal deberá cometerse deliberadamente (es decir, a propósito).

Explicación de la modificación

Art. 75. El nuevo redactado incluye las modificaciones que habían sido introducidas en 1986. En la definición de falta intencionada se recogen dos conceptos: *premeditación* y *mala fe*. Igualmente se retiene el concepto de *falta táctica*; no existe, desde luego, falta más intencionada que aquella que comete un equipo como táctica de juego.

Art. 76. Falta descalificante

Cualquier infracción flagrante y antideportiva de los artículos 70 ó 74 es una falta descalificante.

Penalización:

Dos tiros libres y posesión del balón a la altura de la línea central en el punto medio del terreno de juego en la banda opuesta de la mesa de anotadores.

Un jugador que comete tal falta debe ser descalificado y expulsado de las proximidades de la pista, lo que comprende el banquillo del equipo y los alrededores del terreno de juego y no podrá de ninguna forma establecer comunicación con su equipo.

Explicación de la modificación

Art. 76. El jugador descalificado *no podrá permanecer* sentado en el banquillo del equipo ni en las inmediaciones del terreno de juego, sea cual sea el motivo de la descalificación.

Art. 77. Doble falta

Doble falta es la producida cuando dos jugadores de equipos opuestos cometen faltas personales, el uno contra el otro, al mismo tiempo.

Penalización:

En caso de una doble falta no se concederá ningún tiro libre, pero se cargará una falta personal a cada jugador infractor.

El partido se reanudará en el círculo más cercano, mediante un salto entre los dos jugadores en cuestión, a menos que se haya conseguido, al mismo tiempo, un tanto válido en juego, en cuyo caso el balón será puesto en juego desde la línea de fondo.

Art. 78. Falta doble y falta adicional

Cuando una doble falta y otra falta sean cometidas al mismo tiempo, el juego continuará después que las faltas hayan sido anotadas y las penalizaciones eventuales ejecutadas como si la doble falta no se hubiera producido.

Art. 79. Falta a un jugador en acción de tirar a cesto

Siempre que se señale falta de un jugador a un adversario después que ya haya comenzado su acción de tiro, si se convierte éste será válido, aunque el balón abandone la mano del jugador después de haber hecho sonar el árbitro su silbato. No se dará como válido si el jugador comienza una acción enteramente nueva, después de sonar su silbato. Esto no se aplicará al final de un período (ver Art. 35).

C. DISPOSICIONES GENERALES

Art. 80. Principio básico

Cada árbitro está facultado para señalar faltas independientemente del otro, en cualquier momento del partido, ya esté el balón en juego, vivo o muerto.

Se podrán señalar al mismo tiempo cualquier número de faltas contra uno o ambos equipos. Independientemente de la penalización, será inscrita en el Acta del partido una falta a cada jugador infractor, por cada falta cometida.

Art. 81. Cinco faltas de un jugador

Todo jugador que haya cometido cinco faltas, ya sean personales o técnicas, deberá abandonar automáticamente el partido.

Art. 82. Siete faltas por equipo

Después de que un equipo ha cometido siete faltas de jugador, ya sean personales o técnicas, en cada media parte, todas las faltas de jugador posteriores serán penalizadas con la Regla de Uno más Uno, a menos que haya una penalización más severa.

Si la falta es cometida por un jugador mientras su equipo está en posesión de balón se aplicarán las disposiciones del Art. 84.

Comentario:

Todas las faltas cometidas antes de comenzar el partido serán consideradas como si formaran parte del primer tiempo. Todas las faltas que tengan lugar en el intervalo de juego antes del segundo tiempo o durante las prórrogas serán consideradas como si formaran parte del segundo tiempo.

Art. 83. Regla de Uno más Uno

Cuando un jugador comete una falta personal, con posterioridad a que su equipo haya cometido siete faltas de jugador, ya sean personales o técnicas, en una media parte, entrará en efecto la Regla de Uno más Uno, por medio de la cual, el jugador sobre el que ha sido cometida la falta tiene la oportunidad de lanzar un tiro libre.

Si el tiro libre es convertido, será seguido por otro tiro libre adicional que será lanzado por el mismo jugador. Si el primer tiro libre no es convertido, el partido se reanudará de conformidad con lo que se establece en el Artículo 66.

En el caso de que la falta haya sido cometida por un jugador cuyo equipo tiene control del balón, se aplicarán las disposiciones del Art. 84.

Art. 84. Falta cometida por un jugador mientras su equipo tiene control del balón

Una falta cometida por un jugador, mientras que su equipo tiene control del balón será penalizada siempre anotando la falta al jugador infractor y concediendo el balón para un saque de banda a un jugador oponente, en el punto más cercano a aquel en que se produjo la falta, fuera del terreno de juego en la línea lateral (para excepciones ver los Artículos 70, 75, 76, 77 y 78).

NOTA: Para la definición de "equipo con control del balón" ver el Artículo 46.

REGLA NOVENA

Art. 77. Doble falta
Art. 78. Falta doble y falta adicional

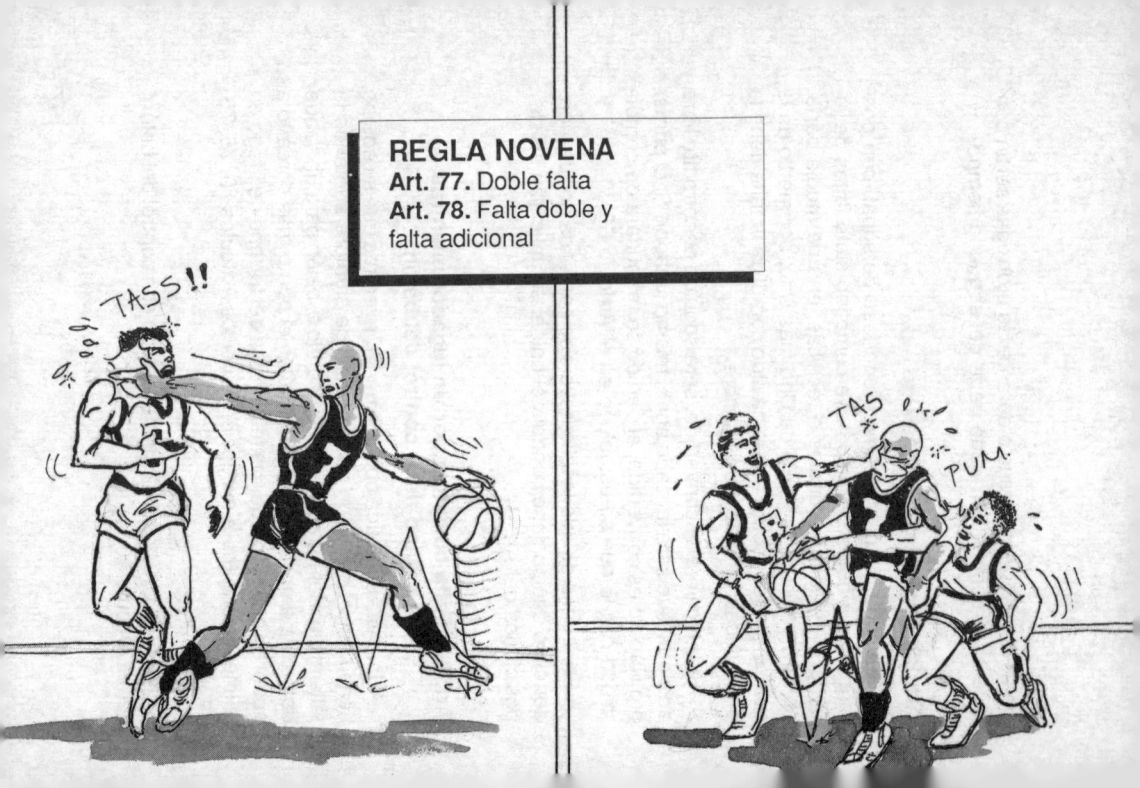

Art. 85. Faltas en situaciones especiales

Pudiera ocurrir que se produjeran situaciones no previstas en las presentes Reglas, al cometerse faltas aproximadamente al mismo tiempo o durante el período de balón muerto que sigue a una falta o una doble falta.

En tales situaciones serán de aplicación los siguientes principios:

a) Se cargará una falta por cada infracción.

b) Las faltas que den lugar a penalización de la misma gravedad, contra ambos equipos, no serán penalizadas mediante la concesión de tiros libres o posesión del balón para un lanzamiento desde la banda lateral. A este propósito, las penalizaciones que comprenden la Regla de "Uno más Uno" y la de dos tiros libres serán consideradas de la misma gravedad. El partido se reanudará por medio de un salto entre dos en el círculo más cercano, a menos que se haya conseguido una canasta en juego, en cuyo caso el partido se reanudará con un lanzamiento desde fuera del terreno de juego, sobre o más allá de la línea de fondo.

c) Las penalizaciones que no estén compensadas por las mismas penalizaciones contra el otro equipo, serán penalizadas y administradas en el orden en que han sido cometidas. Los árbitros determinarán el orden de las faltas señaladas a ambos equipos cometidas aproximadamente al mismo tiempo. Esto no será de aplicación para una situación de doble falta, la penalización de la cual será administrada de conformidad con el Artículo 77.

d) El derecho de posesión del balón para un saque de banda como resultado de una penalización de falta, será anulado en el caso que se haya pitado otra falta antes de la puesta en juego.

Explicación de la modificación

Art. 85. Este artículo reemplaza al anterior Artículo 88, siempre tan controvertido. Conviene retener que:

- Desaparece el concepto de fase de juego.
- Desaparece el concepto de falta múltiple.
- Desaparece el concepto de falta simultánea.
- Desaparece el derecho de opción.

Todas las faltas tendrán un orden cronológico y los árbitros estarán obligados a determinar el orden exacto en que se han cometido las faltas.

A partir de ese momento y una vez anotadas las faltas, los árbitros procederán como sigue:

- Las faltas con la misma penalización se anularán y el juego se reanudará con salto entre dos o, caso de cesto, con saque desde la línea de fondo. A este efecto, el 1 + 1 equivale a dos tiros libres.

- Las faltas que no sean de la misma penalización se mantendrán y se administrarán en el orden en que ocurrieron.

- Un equipo con derecho a posesión de balón como consecuencia de una penalización pierde este balón si es sancionado con posterioridad con una falta antes de que el saque sea ejecutado.

Ejemplos:

1. A5 hace falta a B7, lateral
   falta técnica al entrenador B
   Sanción: Dos tiros más posesión para el equipo A.

2. Falta técnica al entrenador B
   A5 hace falta a B7, lateral
   Sanción: Dos tiros libres para el equipo A y posesión de balón para un saque lateral de B.

3. Falta personal de A7 sobre B8, 8a.
   falta técnica de A8
   falta técnica del entrenador A
   Sanción: Un bono de A5 y dos tiros libres para el equipo A.
   sión de balón para B.

4. A5 lanza a canasta y es objeto de falta personal, cesto conseguido, B7 es penalizado con falta técnica.
   Sanción: Un bono de A5 y dos tiros libres para el equipo A

5. A5 hace falta personal en tiro a B8
   B8 hace falta personal a A7, 8a. falta
   Sanción: salto entre dos.

6. Ultimo tiro libre de A7, cuando B7 hace falta personal a A6, 4a. falta.
   Sanción: Se administra el último tiro libre y balón para saque lateral de A.

7. A5 ejecuta el primer tiro libre de una falta técnica cometida por el entrenador B cuando B7 hace falta personal, 8a. contra A7.
   Sanción: Se lanza el último tiro libre y a continuación A7 lanza el 1 + 1.

8. A5 está lanzando el primer tiro libre, cuando A7 comete falta contra B5, 8a. falta.
   Sanción: Se concluye el segundo tiro libre de A5 y B5 lanza el 1 + 1.

9. Doble falta seguida de falta personal de A5 sobre B7, cuarta falta.
   Sanción: Saque lateral para el equipo B.

10. A5 objeto de falta en acción de tirar a cesto. El cesto es conseguido cuando B7 empuja a A6, 4a. falta.
    Sanción: A5 lanza el bono y, tanto si entra como si no, balón lateral para el equipo A.

Art. 86. Enfrentamientos

Cualquier persona que esté en el banco y abandone los límites del área del banquillo de equipo cuando haya algún enfrentamiento o durante las situaciones que puedan ocasionar enfrentamientos, debe ser descalificada del partido y expulsada de la proximidad de los alrededores del terreno de juego, lo que incluye la zona de banquillo de equipo y la zona del terreno de juego y no podrá de ninguna manera, entrar en comunicación con su equipo.

Además, por cualquier incidente de esta naturaleza se le cargará una falta técnica al entrenador.

No obstante, el Entrenador puede abandonar los límites del área del banquillo de equipo durante un enfrentamiento o durante las situaciones que puedan desembocar en enfrentamiento, con el fin de prestar su concurso a los árbitros para mantener o restablecer el orden.

Si el Entrenador penetra en el terreno de juego y, de cualquier manera, su intervención para mantener o restablecer el orden, fracasa, será descalificado y expulsado de las inmediaciones del terreno de juego, lo que incluye la zona del banquillo del equipo y la zona del terreno de juego y no podrá, de ninguna manera, comunicarse con su equipo.

La falta o faltas descalificantes NO serán consideradas como faltas de equipo.

Explicación de la modificación

Art. 86. Ninguna de las personas autorizadas a sentarse en el banco, deberá abandonar éste y entrar en el terreno de juego en caso de una pelea entre jugadores.

AHHHH
3 puntos
Qué que
ZAS
ZAS
TOME
AAAYA
Que no carajo
PUM
MÁMA
AY MÁMA
S.O.S.
TOME su Punto
BUM
Qua Miedo.
NO HAGAS ESTO NUNCA...!
No Violencia

Quien lo hiciera será descalificado del partido, no pudiendo ocupar un lugar desde el que pueda comunicar con su equipo.

El entrenador está autorizado a entrar si a juicio de los árbitros contribuye a calmar la situación.

Estas faltas descalificantes no contarán como faltas de equipo.

Los nuevos números (1990) representan los viejos números (1984) siguientes:

Nuevo	Viejo	Nuevo	Viejo	Nuevo	Viejo	Nuevo	Viejo	Nuevo	Viejo
1	1	21	21	41	43	61	65	81	90
2	2	22	22	42	45	62	66	82	91
3	3	23	23	43	46	63	20 y 67	83	92
4	4	24	24	44	47	64	68	84	93
5	5	25	25	45	48	65	69 y 75	85	88
6	6	26	26	46	49	66	70, 71, 72		
7	7	27	27	47	50	67	73		
8	Nuevo	28	28	48	51	68	Nuevo		
9	8	29	29	49	53	69	76		
10	9	30	30	50	52	70	77		
11	10	31	31	51	54	71	78		
12	11	32	32	52	55 y 56	72	74		
13	12	33	33	53	57	73	79		
14	13	34	34	54	58	74	80		
15	14	35	35	55	59	75	81		
16	15	36	36	56	60	76	82		
17	16	37	37	57	62	77	83		
18	17	38	38	58	61	78	84 y 87		
19	18	39	39	59	63	79	85		
20	19	40	41 y 42	60	64	80	86		

BALON DENTRO, EN Y REBOTADO DEL CESTO

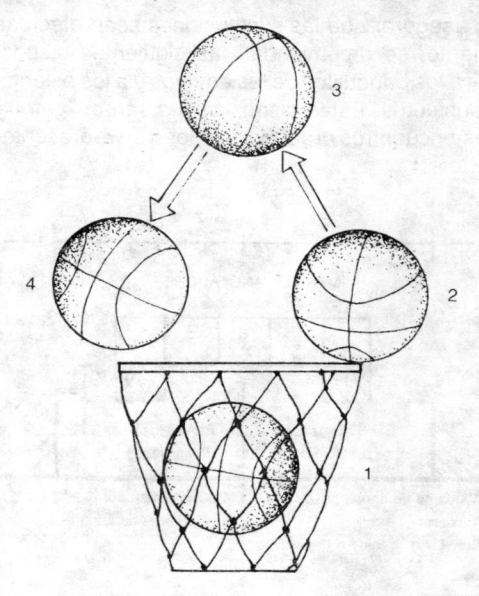

1. BALON *DENTRO* DEL ARO:
   DEFENSA: NO puede tocarlo
   ATACANTE: SI puede tocarlo

2. BALON *EN* EL ARO:
   TIRO EN JUEGO:
   DEFENSA: SI: 2 puntos
   ATACANTE: SI: 2 puntos

   TIRO LIBRE:
   DEFENSA: NO: 1 punto
   ATACANTE NO: Saque lateral

3 y 4. BALON *REBOTADO* DEL ARO
   TIRO EN JUEGO:
   DEFENSA: SI: 2 puntos
   ATACANTE: SI: 2 puntos

   TIRO LIBRE:
   DEFENSA: SI: 2 puntos
   ATACANTE: SI: 2 puntos

PROCEDIMIENTO A SEGUIR ANTES DE LOS PARTIDOS

Para asegurar que las sustituciones sean efectuadas eficientemente, se recomiendan las siguientes disposiciones relativas a los banquillos de los equipos y a los asientos-sillas de los sustitutos. Estas disposiciones son obligatorias para todos los encuentros organizados por o en representación de la FIBA.

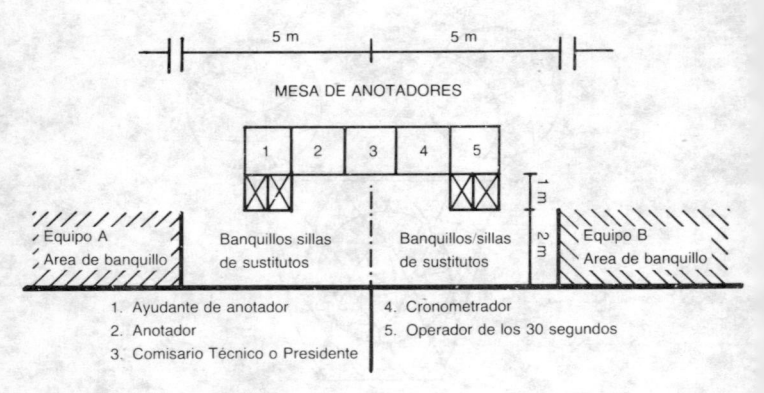

```
          5 m              5 m
    ├┤────────────┼────────────├┤
              MESA DE ANOTADORES

              ┌───┬───┬───┬───┬───┐
              │ 1 │ 2 │ 3 │ 4 │ 5 │
              └───┴───┴───┴───┴───┘
```

Equipo A — Area de banquillo
Banquillos sillas de sustitutos
Banquillos/sillas de sustitutos
Equipo B — Area de banquillo

1. Ayudante de anotador
2. Anotador
3. Comisario Técnico o Presidente
4. Cronometrador
5. Operador de los 30 segundos

NOTA: Los auxiliares de mesa deben tener una perfecta visibilidad del terreno de juego. Por lo tanto, los asientos-sillas de los sustitutos deben estar en un plano más bajo que los de los auxiliares de mesa o, alternativamente, la mesa de auxiliares y sus asientos estarán situados sobre una plataforma.

Método alternativo

Si por cualquier razón, la anterior disposición sobre los banquillos/sillas de los sustitutos no fuera factible, se utilizará el siguiente método.

MESA DE ANOTADORES

ASIENTOS-SILLAS DE SUSTITUTOS

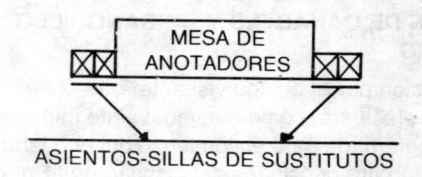

NOTA: Los asientos-sillas de los sustitutos deben estar situados de tal forma que la mesa de anotadores disfrute de una perfecta visibilidad del terreno de juego y de los sustitutos que están esperando entrar en juego.

ELECCION DE CANASTAS Y DE BANQUILLO DE EQUIPO

La elección por el equipo visitante, o el sorteo de las canastas, se efectuará, como mínimo, veinte minutos antes de la hora programada para el comienzo del encuentro, en presencia del Arbitro principal y del Capitán o el Entrenador de ambos equipos.

a) El equipo visitante, o en campos neutrales el equipo ganador del sorteo, elegirá la canasta y el banquillo de su equipo.

b) Con anterioridad a cada media parte y período extra, los equipos están autorizados a entrenarse en la mitad del terreno de juego en el cual está situada la canasta de sus oponentes.

BANQUILLO DE EQUIPO

Durante el encuentro, las únicas personas autorizadas a sentarse en el banquillo son el entrenador, el ayudante de entrenador, los sustitutos y un máximo de cinco acompañantes de equipo, con especiales responsabilidades, por ejemplo, delegado de equipo o "manager", médico, masajista, encargado de las estadísticas e intérprete.

Ser un seguidor de equipo es un privilegio y esto lleva consigo una responsabilidad. Por lo tanto, el comportamiento de un seguidor de equipo, cae dentro de la jurisdicción de los Arbitros.

Ninguna otra persona se sentará, hasta una distancia de dos metros, del banquillo de equipo.

Cuando las condiciones lo justifiquen, el Arbitro puede:

a) Reducir el número de los acompañantes de equipo que pueden sentarse en el banquillo.

b) Permitir al ayudante de entrenador o a un acompañante de equipo acreditado, tomar asiento como representante de su equipo en la mesa de anotadores o sus proximidades. Sin embargo, si su comportamiento perjudica el trabajo de los auxiliares de mesa, el Arbitro podrá hacerle abandonar este lugar.

PROCEDIMIENTO A SEGUIR PARA LAS SUSTITUCIONES

El entrenador enviará al sustituto, que debe estar preparado para entrar en juego, para que se coloque en el asiento previsto (ver dibujo de la Mesa de Anotadores) hasta que el Anotador haga sonar su señal. Entonces se pondrá en pie e indicará al Arbitro más cercano que desea entrar en el terreno de juego. No entrará en el terreno de juego hasta que el Arbitro le haga la señal de que puede hacerlo (ver el artículo 43). Si la sustitución es solicitada durante un tiempo muerto, el sustituto se presentará al Anotador y al Arbitro más cercano con anterioridad a entrar en el terreno de juego.

PROCEDIMIENTO A SEGUIR EN CASO DE PROTESTA

En el caso de que un equipo estime que sus intereses han sido adversamente afectados por la decisión de cualquiera de los Arbitros, o por cualquier circunstancia ocurrida durante el desarrollo de un encuentro, se debe proceder de la siguiente manera:

a) En el momento en que el incidente ha ocurrido, o inmediatamente que se produzca un balón muerto y el reloj del partido esté parado, o en el primer tiempo muerto, el Capitán del equipo expondrá sus observaciones al Arbitro principal, a condición de que éstas sean hechas serena y cortésmente. El Arbitro podrá explicar su decisión, o si fuera necesario, examinará el Acta del encuentro y comprobará el tanteo y tiempo de juego. Si esta interrupción del partido excediese de 30 segundos, le será cargado al equipo en cuestión un tiempo muerto, a menos que el Arbitro decida lo contrario, reconociendo la validez de la observación.

b) Si al finalizar el encuentro, el equipo en cuestión se considerara perjudicado por lo ocurrido, se presentará su Capitán, inmediatamente, en la Mesa de Anotadores e informará al Anotador (y a través de él al árbitro principal) de que su equipo protesta contra el resultado del encuentro. Firmará en el Acta Oficial del Partido en el espacio marcado: "Firma del Capitán en caso de protesta". Para que esta declaración sea válida, será necesario que el representante oficial del equipo en el terreno de juego (bien el Entrenador o el Delegado de la Federación Nacional), confirme por escrito esta protesta, dentro de los 20 minutos siguientes a la terminación del encuentro, sin dar detalles ni explicaciones (por ejemplo: "La Federación Nacional de X protesta el resultado del encuentro entre los equipos de X e Y"), efectuando un depósito al representante de la FIBA o al Comité Técnico, como fianza, de una suma equivalente a 200 marcos alemanes.

c) La Federación Nacional del equipo en cuestión deberá presentar al Presidente del Comité Técnico, dentro del plazo de una hora desde que terminó el encuentro, el texto de su protesta. Si la protesta es aceptada, la fianza será devuelta.

d) En el caso de que la Federación Nacional en cuestión, o el equipo contrario, no esté conforme con la decisión del Comité Técnico, puede cursar una apelación al Jurado de

Apelación. Para que esta apelación sea válida, deberá ser hecha inmediatamente y acompañada de un depósito, como fianza, equivalente a 400 marcos alemanes. El Jurado de Apelación juzgará la protesta en última instancia y su decisión será final.

CLASIFICACION DE EQUIPOS

La clasificación de los equipos se hará por puntos, de conformidad con sus resultados de victorias o derrotas, adjudicando dos puntos por cada partido ganado, un punto por cada partido perdido y cero puntos por cada encuentro perdido por no presentación.

I. Si hay dos equipos igualados en la clasificación, el resultado o resultados del o de los partidos entre los dos equipos implicados se tendrá en cuenta para determinar su clasificación.

En el caso que el total de puntos a favor y en contra sean los mismos en los partidos entre los dos equipos, la clasificación vendrá determinada por el basketaverage, teniendo en cuenta los resultados de todos los partidos jugados en el grupo por ambos equipos.

II. Si más de dos equipos tienen igual número de puntos en la clasificación, se establecerá una segunda clasificación, teniendo en cuenta sólo los resultados de los partidos entre los equipos empatados.

En el caso de que aun así tengan los mismos puntos, después de esta segunda clasificación, se tendrá en cuenta el basketaverage para determinar la clasificación, teniendo en cuenta solamente los resultados de los partidos entre los equipos empatados.

Si aun así continuaran empatados, la clasificación se determinará usando el basketaverage de los resultados de todos los partidos jugados en el grupo.

Si en algún momento, usando el criterio expuesto en II, existiese un empate entre varios equipos, se reducirá a dos equipos y automáticamente se aplicará el procedimiento expuesto en I. Si se reduce a un empate que implica a más de dos equipos, se repetirá el procedimiento expresado en el primer párrafo de II.

El basketaverage siempre se calculará por una división.

Excepción:

Si, solamente, tres equipos toman parte en la competición y su situación no puede resolverse usando los pasos indicados más arriba (el basketaverage por división es idéntico) los puntos marcados determinarán la clasificación.

Ejemplos para la excepción:

Resultados entre A, B, C:

A vs B	82-75
A vs C	64-71
B vs C	91-84

Puestos finales:

Equipo	Partidos Jugados	Ganados	Perdidos	Puntos	Diferencia de tantos	Basketaverage
A	2	1	1	3	146-146	1.000
B	2	1	1	3	166-166	1.000
C	2	1	1	3	155-155	1.000

Clasificación Final:
B - 166 Puntos marcados
C - 155 Puntos marcados
A - 146 Puntos marcados

En el caso de que tres equipos estén empatados todavía después que todos los procedimientos anteriores hayan sido usados, se hará un sorteo para la clasificación final. El método (logístico) para el sorteo será determinado por el Comisario Técnico, si existe, o por la autoridad local competente.

Otros ejemplos de esta regla (I y II)

1. Dos equipos - los mismos puntos y sólo un partido jugado entre ellos.

Equipo	Partidos jugados	Ganados	Perdidos	Puntos
A	5	4	1	9
B	5	4	1	9
C	5	3	2	8
D	5	2	3	7
E	5	2	3	7
F	5	0	5	5

El ganador del partido entre A y B será el primero y el ganador entre D y E se clasificará el cuarto.

2. Dos equipos en un grupo - los mismos puntos y dos partidos jugados entre ellos.

Equipo	Partidos jugados	Ganados	Perdidos	Puntos
A	10	7	3	17
B	10	7	3	17
C	10	6	4	16
D	10	5	5	15
E	10	3	7	13
F	10	2	8	12

Los resultados pósibles son:

I. A vence en ambos partidos
II. Cada equipo gana un partido

$$A \text{ vs } B \qquad 90\text{-}82$$
$$B \text{ vs } A \qquad 69\text{-}62$$

Diferencia de tantos:

$$A: 152\text{-}151$$
$$B: 151\text{-}152$$

Basketaverage:

$$A: 1.0066$$
$$B: 0.9934$$

Por tanto:

$$1°.: A$$
$$2°.: B$$

III. Cada equipo gana un partido

$$A \text{ vs } B \qquad 90\text{-}82$$
$$B \text{ vs } A \qquad 70\text{-}62$$

Los dos equipos tienen la misma diferencia de tantos (152-152) y el mismo basketaverage por división (1.000).

La clasificación vendrá determinada por el cálculo del basketaverage a partir de los resultados de todos los partidos jugados en el grupo.

3. Más de dos equipos tienen el mismo puesto.

Equipo	Partidos jugados	Ganados	Perdidos	Puntos
A	5	4	1	9
B	5	4	1	9
C	5	4	1	9
D	5	2	3	7
E	5	1	4	6
F	5	0	5	5

Resultados A, B, C:

A vs B   82-75
A vs C   77-80
B vs C   88-77

Clasificación final:

Equipo	Partidos jugados	Ganados	Perdidos	Puntos	Diferencia de tantos	Basketaverage
A	2	1	1	3	159-155	1.0258
B	2	1	1	3	163-159	1.0251
C	2	1	1	3	157-165	0.9515

Entonces:
1°.: A
2°.: B
3°.: C

Si también hay igualdad entre los tres equipos en basketaverage por división, la clasificación final se determinará con los resultados de todos sus partidos jugados en el grupo.

4. Varios equipos ocupan el mismo puesto

Equipo	Partidos jugados	Ganados	Perdidos	Puntos
A	5	3	2	8
B	5	3	2	8
C	5	3	2	8
D	5	3	2	8
E	5	2	3	7
F	5	1	4	6

La clasificación se establecerá teniendo en cuenta solamente los resultados de los partidos entre los equipos empatados.

Hay dos posibilidades:

Equipo	Ganados "A"	Perdidos	Ganados "B"	Perdidos
A	3	0	2	1
B	1	2	2	1
C	1	2	1	2
D	1	2	1	2

En el caso "a", 1°.: A

B, C, D se clasificarán como en el ejemplo 3 indicado más arriba.

En el caso "b" la clasificación de A y B, C y D se determinará como se especifica en el ejemplo 2 arriba señalado.

Un equipo que, sin razón válida, renuncia a presentarse para jugar un partido o se retira del terreno de juego antes del final del partido perderá tal partido por no presentado.

El Comité Técnico puede, además, decidir relegarle al último puesto de la clasificación. Será descalificado automáticamente este equipo si repite la misma infracción. Sin embargo los resultados de los partidos jugados por este equipo serán válidos a efectos de la clasificación general de la competición.

SEÑALES DE LOS ARBITROS

Las señales manuales reflejadas al final de las presentes Reglas DEBERAN ser aprendidas concienzudamente por todos los árbitros y empleadas en todos los partidos.

ESTAS SON LAS UNICAS SEÑALES OFICIALES Y DEBEN SER USADAS POR TODOS LOS ARBITROS EN TODO MOMENTO

Es importante que los Anotadores y Cronometradores estén también familiarizados con estas señales.

Las ilustraciones y pies descriptivos explican las señales, pero no obstante se incluyen las siguientes notas para subrayar ciertos puntos:

Simultáneamente con el sonido del silbato, la mano del Arbitro por encima de su cabeza detiene el reloj del partido. Si se ha señalado una falta, la señal, tanto para la falta como para detener el reloj del partido, será el puño levantado por encima de la cabeza con los dedos cerrados. Si no se ha señalado falta pero el reloj del partido debe detenerse, se levantará la mano por encima de la cabeza, abierta, con los dedos juntos, y la palma abierta.

SEÑALES DE LOS ARBITROS

1. DOS PUNTOS Un dedo - un punto Flexión de la muñeca hacia abajo	2. INTENTO PARA TRES PUNTOS Tres dedos levantados pulgar, índice y corazón
3. LANZAMIENTO PARA TRES PUNTOS CONVERTIDO Tres dedos levantados pulgar, índice y corazón	4. CESTO ANULADO JUEGO ANULADO Mover los brazos de una parte a otra del campo
5. PARAR EL RELOJ O NO PONERLO EN FUNCIONAMIENTO Palma abierta, dedos juntos	6. TIEMPO EN JUEGO Cortar con la mano

SEÑALES DE LOS ARBITROS

7. SUSTITUCION	8. TIEMPO MUERTO REGISTRADO
Antebrazos cruzados	En forma de T viéndose el dedo
9. CAMINAR	10. REGATE ILEGAL
Rotación de puños	Batir alternativamente los brazos
11. INFRACCION REGLA 3 SEGUNDOS	12. ACOMPAÑAMIENTO DEL BALON CON LA MANO

SEÑALES DE LOS ARBITROS

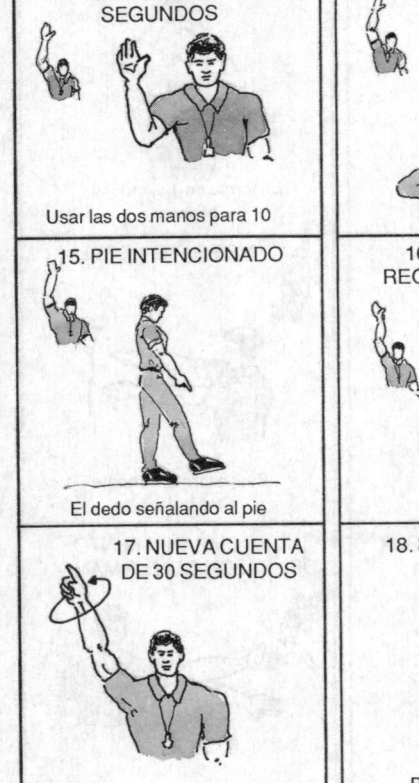

13. INFRACCION DE LA REGLA DE 5 ó 10 SEGUNDOS
Usar las dos manos para 10

14. BALON DEVUELTO A PISTA TRASERA
Dedo extendido

15. PIE INTENCIONADO
El dedo señalando al pie

16. INFRACCION A LA REGLA DE LANZAMIENTO EN 30 SEGUNDOS

17. NUEVA CUENTA DE 30 SEGUNDOS

18. SALTO ENTRE DOS
Pulgares hacia arriba

SEÑALES DE LOS ARBITROS

19. PARAR EL RELOJ POR FALTA

20. FALTA PERSONAL SIN TIROS LIBRES

Dedo señalando la línea lateral

21. PARA DESIGNAR AL INFRACTOR

Indicar el número del jugador

22. AGARRAR

23. EMPUJAR O CARGAR SIN BALON

24. USO ILEGAL DE LAS MANOS

SEÑALES DE LOS ARBITROS

25. BLOQUEO En ataque o defensa	**26. USO ILEGAL DE LOS CODOS**
27. CARGAR CON POSESION DE BALON Puño cerrado golpeando la palma abierta	**28. FALTA COMETIDA POR UN EQUIPO CON CONTROL DE BALON** Puño cerrado señalando hacia la canasta del equipo que ha cometido la falta
29. DOBLE FALTA Mover los puños cerrados	**30. FALTA TECNICA** Forma de T enseñando la palma

SEÑALES DE LOS ARBITROS

31. FALTA INTENCIONADA Agarrar la muñeca	**32. FALTA DESCALIFICANTE** Puños cerrados
37. PENALIZACION DE LA REGLA "UNO MAS UNO" Dedos índice	**33. PENALIZACION DE TIROS LIBRES** Dedos apuntando a la línea de tiros libres

34. UN TIRO LIBRE Dedo índice	**35. DOS TIROS LIBRES** Dedos juntos	**36. TRES TIROS LIBRES** Tres dedos levantados, pulgar, índice y corazón

ACTA OFICIAL DEL PARTIDO

PLANILLA OFICIAL DE JUEGO

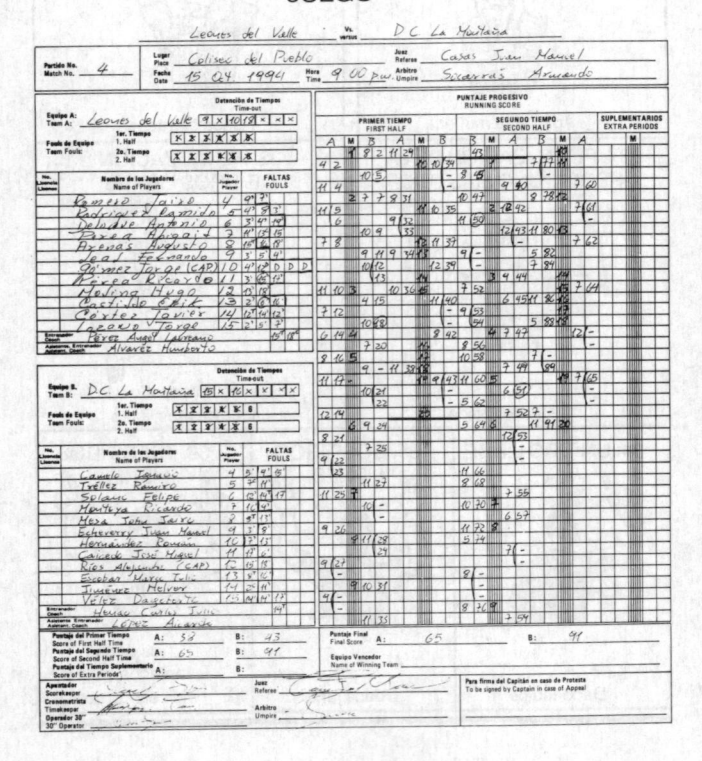

Leones del Valle vs. D.C. La Montaña

Partido No. 4
Lugar: Coliseo del Pueblo
Fecha: 15 04 1994
Hora: 9:00 p.m.
Juez Referee: Casas Juan Manuel
Árbitro Umpire: Sicarros Armando

Equipo A: Leones del Valle

Nombre de los Jugadores	No.	Faltas
Romero Jairo	4	4°, 2'
Rodriguez Jamid	5	4°, 5°3'
Davila Antonio	6	3°, 4°
Rosa Abigail	7	1°, 4', 15
Arenas Augusto	8	1°, 6°, 9'
Leal Fernando	9	5°, 15°
Gomez Jorge (CAP)	10	4°, 9°, 0, D, D
Pico Reinaldo	11	3°, 8', 9
Molina Hugo	12	1°, 5°, 15
Castillo Edil	13	2°, 6', 15
Cortez Javier	14	12°, 14°, 15
Jacome Jorge	15	2°, 5'

Entrenador: Perez Angel Germano
Ayudante: Alvarez Humberto

Equipo B: D.C. La Montaña

Nombre de los Jugadores	No.	Faltas
Camelo Ignacio	4	5°, 9°, 15
Trellez Ramiro	5	5°, 14'
Solano Felipe	6	10°, 14°, 17
Monteya Ricardo	7	3°, 16'
Meza Tulio Jairo	8	3°, 8
Habeychi Hugo Manuel	9	1°, 3', 8
Hernandez Roman	10	13°, 15
Caiedo Jose Miguel	11	14°, 17'
Rios Alejandro (CAP)	12	6°, 15
Escobar Mario Julio	13	3°, 15
Jimenez Nelson	14	12°, 14
Velez Dagoberto	15	15°, 16°, 17

Entrenador: Horan Carlos Julio
Ayudante: LOPEZ Alvaro

Puntaje del Primer Tiempo A: 52 B: 43
Puntaje del Segundo Tiempo A: 65 B: 91

Puntaje Final A: 65 B: 91

El Acta Oficial del partido, citada en el Artículo 12-c, es la aprobada por la Comisión Técnica de la Federación Internacional de Baloncesto (FIBA). Consiste en un original y tres copias, en papel de distintos colores. El original en papel blanco, es para la FIBA; la primera copia, en papel azul, es para los organizadores de la competición; la segunda copia, en papel rosa, es para el equipo vencedor, y la última copia, en papel color amarillo, es para el equipo derrotado.

Veinte minutos al menos antes del comienzo del partido, el Anotador preparará el Acta de la siguiente manera:

a) Inscribirá los nombres de los dos equipos en el espacio a la cabecera del Acta. El primer equipo es siempre el equipo local (de casa). En el caso de torneos o partidos en terreno neutral, el primer equipo es el que se cita primero en el programa. El primer equipo será el equipo "A", y el segundo equipo será el equipo "B".

b) Si el partido es parte de un torneo, el Anotador indicará el número del partido, indicará también el lugar, la fecha y la hora del partido. Asimismo, anotará el nombre del Arbitro principal y el nombre del Arbitro auxiliar.

c) El Anotador inscribirá entonces los nombres de los jugadores de ambos equipos. El equipo "A" ocupará la parte superior del Acta, y el equipo "B" la inferior. En la primera columna, el Anotador reflejará el número (últimas tres cifras) de la licencia del jugador; en la segunda columna, el apellido e iniciales del nombre del jugador en letras mayúsculas; en la cuarta columna, el número del jugador. Se indicará el Capitán del equipo mediante la inscripción (CAP) inmediatamente después de su nombre. En el caso de torneos, el número de la licencia del jugador se indicará únicamente en ocasión del primer partido jugado por su equipo.

Equipo A: Team A:	Leones del Valle			Detención de Tiempos Time-out				
			9	×	10	18	×	× ×

Fouls de Equipo Team Fouls:	1er. Tiempo 1. Half	1̷ 2̷ 3̷ 4̷ 5̷ 6̷
	2o. Tiempo 2. Half	1̷ 2̷ 3̷ 4̷ 5̷ 6̷

No. Licencia Licence	Nombre de los Jugadores Name of Players	No. Jugador Player	FALTAS FOULS				
	Romero Jairo	4	9'	7'			
	Rodríguez Camilo	5	4'	8'	3'		
	Deloaue Antonio	6	3'	4'	19'		
	Perea Abigail	7	11'	13'	15'		
	Arenas Augusto	8	15ᵀ	16'	18'		
	Leal Fernando	9	3'	5'	4'		
	Gómez Jorge (CAP.)	10	4'	12ᴰ	D	D	D
	Pérea Ricardo	11	3'	15'	17'		
	Molina Hugo	12	13'	18'			
	Castillo Erik	13	2'	6'	16'		
	Córtez Javier	14	12'	14'	12'		
	Lozano Jorge	15	2'	5'	7'		
Entrenador Coach	Pérez Ángel Laureano					15ᵀ	18ᶜ
Asistente. Entrenador Asistent. Coach	Álvarez Humberto						

d) Al pie del espacio de cada equipo, el Anotador inscribirá el nombre del Entrenador del equipo y del Ayudante de Entrenador.

e) Por lo menos diez minutos antes del comienzo del partido, los Entrenadores darán su conformidad con los nombres y números de los jugadores inscritos, así como de los Entrenadores, firmando en el Acta, al mismo tiempo indicarán los cinco jugadores que van a iniciar el partido. El Entrenador del equipo "A" será el primero en proporcionar esta información. El Anotador entonces trazará una pequeña "X" ante el número del jugador en la tercera columna y repetirá el mismo procedimiento siempre que un sustituto entre en el partido por primera vez.

f) Tan pronto como el balón haya sido lanzado para comenzar el partido (art. 25), el Anotador inscribirá las letras de los equipos (A y B) en la cabecera de las columnas de Tanteo Arrastrado para el Primer Tiempo, poniendo en la primera columna (a la izquierda de "M") la letra del equipo que tira al cesto que está a su izquierda (según se sienta a la mesa), y en la segunda columna (a la derecha de "M") la letra del equipo que tira al cesto que está a su derecha.

Para el Segundo Tiempo se invertirán las letras. Si el tanteo acaba en empate al final del Segundo Tiempo, el Anotador inscribirá las letras de los equipos en la columna de Período Extra después del salto entre dos en el centro. Si hace falta más de un Período Extra para deshacer el empate, indicará el cambio de cesto dibujando dos flechas cruzadas en el espacio inmediatamente bajo la última anotación del Período Extra anterior.

g) Siempre que el Anotador haya de registrar la hora de un suceso (tiempo muerto registrado, falta, cesto desde el terreno de juego, tiros libres), indicará el minuto entero correspondiente. Así, un suceso que ocurra a los 0,15", se indicará que ha ocurrido al 1'; un suceso que ocurra a los 3,47", se indicará que ha ocurrido a los 4'; un suceso que ocurra a los 19,25", se indicará que ha ocurrido a los 20'.

Tiempo muerto registrado

La anotación de tiempos muertos registrados se efectuará como sigue:

a) Los tiempos muertos registrados concedidos durante el Primer Tiempo se indicarán en los dos primeros cuadritos, al lado del nombre del equipo; los tiempos muertos registrados concedidos durante el Segundo Tiempo se indicarán en los dos cuadritos siguientes; los tiempos muertos registrados, concedidos durante los Períodos Extra, se indicarán en el cuadrito correspondiente. Al final de cada medio tiempo o de cada Período Extra los cuadritos no utilizados se cruzarán por dos líneas.

b) Se anotará cada tiempo muerto registrado inscribiendo en el correspondiente cuadrito el minuto en el que dicho tiempo muerto fue concedido.

Faltas

Las faltas pueden ser personales o técnicas, y serán anotadas en contra de los jugadores que las cometen.

Las faltas de los Entrenadores, Ayudantes de Entrenador, sustitutos y seguidores de equipo son faltas técnicas y serán anotadas al Entrenador. El registro de las faltas se efectuará como sigue:

a) Se indicará la falta personal que no implica penalización de tiro libre inscribiendo el tiempo (minuto) de la falta.

b) Se indicará la falta personal penalizada con tiro libre añadiendo una coma invertida al tiempo (minuto) de la falta.

c) Todas las faltas en contra de ambos equipos anuladas de acuerdo con el Art. 85 b, incluyendo penalizaciones de la misma gravedad se indicarán añadiendo una "c" inmediatamente después del tiempo (minuto) de las faltas.

d) La falta intencionada se indicará dibujando un círculo alrededor del tiempo (minuto) de la falta.

e) La falta descalificante se indicará añadiendo una "D" inmediatamente después del tiempo (minuto) de la falta.

f) La falta técnica se indicará añadiendo una "T" inmediatamente después del tiempo (minuto) de la falta.

g) Si uno o varios jugadores son descalificados del partido y deben abandonar el área del banquillo de equipo (art. 86) después de anotar la falta de acuerdo con el punto e) anterior, en cada uno de los restantes espacios reservados para las faltas de esos jugadores (casillas) se anotará una D mayúscula (ver el siguiente ejemplo).

7	10'	12^D	D	D

Además, las faltas descalificantes no se anotarán como faltas de equipo.

Al final de cada medio tiempo, el Anotador dibujará una línea de trazo grueso entre los cuadritos que han sido utilizados y los que no han sido utilizados. Al final del partido inutilizará los cuadritos vacíos que queden con una línea horizontal de trazo grueso.

Faltas de equipo

Siempre que un jugador cometa una falta, ya sea personal o técnica, el Anotador la registrará también al equipo que pertenece el jugador infractor, utilizando los espacios habilitados a tal fin en el Acta, inmediatamente debajo del nombre del equipo y encima del nombre de los jugadores. Hay habilitados dos grupos de 7 espacios, uno para la primera parte y otro para la segunda (y para los eventuales períodos extra). El Anotador cruzará progresivamente cada espacio, desde el número 1 al número 6, a medida que los jugadores del equipo van cometiendo las faltas. Cuando se cometa la séptima falta el Anotador utilizará el último espacio, anotando en él el tiempo (minuto). A continuación, a partir de la octava falta se aplicará lo previsto en el Artículo 83 de estas Reglas.

Tanteo arrastrado

El Anotador llevará un resumen arrastrado cronológico de los tanteos logrados por ambos equipos. El Acta del partido tiene cinco columnas para este Tanteo Arrastrado. Las primeras dos columnas son para el Primer Tiempo, las siguientes dos columnas son para el Segundo Tiempo, y la última columna es para los posibles Períodos Extra.

Cada columna contiene cinco espacios verticales. El espacio central, que está sombreado y marcado con una "M", se reserva para el tiempo (minuto). Los dos espacios gemelos, a la izquierda y a la derecha, son para los dos equipos. El primer espacio es para el número del jugador que ha marcado un cesto desde el terreno de juego o que ha marcado (o fallado) un tiro libre. El segundo espacio es para el tanteo Arrastrado en sí, para reflejar el número total de tantos marcados por dicho equipo, añadiendo los nuevos tantos marcados al total anterior.

Los tiros libres que corresponden a la misma penalización se unirán mediante un paréntesis en el espacio entre el nú-

PRIMER TIEMPO / FIRST HALF							
A		M	B	A		M	B
		1	8 2	11 29			
4 2						10	10 34
			10 (5)				-
11 4							-
		2	7 7	8 31			
11 5						11	10 35
	6			9 (32)			
			10 9	(33)			
7 8						12	11 37
			9 11	9 34	13		
			10 (12)				12 39
			(13)			14	
11 10		3		10 36	15		
			4 15				11 40

mero del jugador y el tanteo arrastrado, y en tales casos no es necesario repetir el número del jugador. Se indicará el tiro libre no convertido mediante un trazo corto horizontal en el cuadrito correspondiente.

Sólo deberá efectuarse una anotación en cada espacio horizontal. El Anotador deberá observar las siguientes instrucciones adicionales:

a) Un tanto con una validez de tres puntos, conseguido por un jugador, será registrado en el Acta, rodeando con un círculo la puntuación de la suma arrastrada en la columna apropiada del tanteo arrastrado.

b) Cuando un equipo introduce el balón en su propio cesto, se registrará como marcado por el Capitán del equipo adversario.

c) Los puntos logrados cuando el balón no entra en el cesto (Art. 30 Interponerse al balón en la defensiva), se registrarán como marcados por el jugador que intentó el cesto.

d) Al final de cada medio tiempo, el Anotador trazará una línea horizontal gruesa inmediatamente bajo la última anotación.

e) Al comienzo del Segundo Tiempo (y de un posible Período Extra) el Anotador inscribirá en la cabecera de la columna (primer espacio horizontal) el tanteo total logrado al final del primer tiempo, pero invirtiendo la posición de los dos equipos.

f) Siempre que sea posible, el Anotador deberá contrastar su tanteo arrastrado con el marcador expuesto en el terreno de juego. Si hay una discrepancia, y su tanteo es el correcto, tomará inmediatamente medida para que el tanteo del Marcador sea corregido. Si hay alguna duda, o si uno de los equipos pone objeciones a la corrección, informará al Árbitro principal en cuanto el balón esté muerto y el reloj del partido detenido.

Resumen

Al final del Primer Tiempo el Anotador inscribirá el tanteo obtenido por los dos equipos en la sección correspondiente de la parte inferior del Acta. Asimismo, anotará el tanteo del Segundo Tiempo y, si hay lugar a ello, de los Períodos Extras. Al final del partido registrará el tanteo final, dando el nombre del equipo vencedor.

Finalmente, el Anotador firmará el Acta del partido y a continuación será firmada por el Cronometrador, el Operador de la Regla de los 30 segundos, el Árbitro Auxiliar y el Árbitro Principal. El Árbitro Principal será el último en firmar el Acta del partido y con este acto termina la administración del mismo.

Si uno de los Capitanes firmara el Acta "bajo protesta" (utilizando el espacio previsto para ello "Firma del Capitán en caso de Protesta"), el Anotador, el Cronometrador, el Operador de la Regla de los 30 segundos y el Árbitro Auxiliar, quedarán a disposición del Árbitro Principal hasta que éste les conceda permiso para marcharse.

TITULOS PUBLICADOS

1. Reglamento de Voleibol
2. Reglamento de Atletismo
3. Reglamento de Fútbol
4. Reglamento de Fútbol de Salón
5. Reglamento de Tenis de Mesa
6. Reglamento de Boxeo aficionado
7. Nuevas Reglas de Baloncesto
8. Reglamento de Tejo
9. Reglamento de Ajedrez
10. Reglamento de Levantamiento de Pesas
11. Reglamento de Béisbol